播音与主持艺术专业"十四五"规划教材

播音主持实用训练教程

第二版

孙国栋 ◎ 编著

BOYIN ZHUCHI
SHIYONG XUNLIAN
JIAOCHENG

[DI-ER BAN]

播音与主持艺术专业简明教材

中国传媒大学出版社

·北京·

第二版修订说明

孙国栋

为了便于读者在第一时间了解本书再版的修订情况,特做此修订说明。

作者对原版做了比较大的修改,增加了以下内容。

基础理论部分

一、绪论:提高教学质量的根本保证——教师的实力。

二、主持人即兴口语:(1)口语能力的重要性;(2)即兴口语的形成过程;(3)即兴口语的特点;(4)即兴口语的要求;(5)即兴口语的准备;(6)孟盛楠的即兴口语风格。

三、普通话语音:语音标准三要素。

四、播音创作基础:(1)关于直播;(2)外部技巧——表达与语法。

五、节目主持:新闻节目主持(国内)。

语言训练部分

一、新闻(消息)稿件全部为党的二十大召开以后的新闻报道。

二、节目主持训练:2024年中央电视台春节联欢晚会(节选)。

三、解说训练:(1)《动物世界》——生命赞歌(10)解说词;(2)向经典致敬——中国动画百年系列《天书奇谭》致敬词。

四、文艺作品训练:(1)儿歌《雪花飘》;(2)散文《母亲》;(3)寓言故事《天鹅羽毛》《木偶探海》。

五、影视配音训练:公益传播。

撤下的作品有广告词和笑话等。部分表述做了改动,如,原版"播音员的地位与作用"改为"新闻主播和节目主持人的地位与作用"更为准确。

另外,排版顺序也做了适当调整。

再版后的序言,仍采用"虹云的一封信(代序)"。虹云在信中说"往下传递主流播法接力棒"。本书收入的齐越、夏青、葛兰、林如、陈醇、关山、方明、雅坤、虹云、徐曼、宋世雄的播音、主持、解说、朗诵作品是有声语言的经典之作,历久弥新,仍"具有重要的示范意义和参考价值"。

虹云老师还殷切希望"后辈也能借我辈肩膀继续攀登播音艺术高峰"。值得期待!

修订后的这本书,更具有专业性、实用性和创新性特点,带给读者一种全新的感觉。

这本书能够如此之快地完成修订再版,是作者与中国传媒大学出版社编辑共同努力的结果。期待专家和读者批评指正。

虹云的一封信(代序)

国栋兄：

听到你又出播音专业书了，且有23万字的篇幅，真的为你高兴。祝贺！祝贺！

这次你写的是《播音主持实用训练教程》，我非常同意。我一直有这样的看法：首先，以齐越老师为代表的播音前辈，传给了我们延安精神，那就是忠诚于党的宣传事业，做一个全心全意为党、为人民服务的播音员。我们就把这种精神化成话筒前工作时纯粹的播音，越来越好，别无他求。追随着延安老一辈的足迹，做一个像齐越老师那样纯粹的人、高尚的人。其二，以齐越、夏青、林田、费寄平、潘捷为代表开创的播法，又由葛兰、林如、王欢、刘炜等为代表的上世纪50年代播音员后续补充，形成了中国播音的一套独特的自立于世界民族之林的经验。这些播法和经验通过张颂教授等人的总结提炼，上升为理论，成就了《中国播音学》。其三，接力棒传到我们60年代的播音员手中，确实在老一辈言传身教下，经过严格的训练，有了自己的体会，积累了丰富的经验。我们这一代播音员语言基本功打得很扎实，在完成我们这一时期播带任务实践中，又跟着新时代任务和需求的转变而不断改进。应该说，我们这一代播音员、主持人,使中国播音在播法与技术技巧上是更丰富也更为完善了。

今天,把已有的训练写成教程,让播音训练更科学、更扎实,便于后辈更快地掌握播音本领,真真是我辈播音员该做的事啊,也好往下**传递主流播法接力棒**。我记得你也应该是那个年代来到吉林电台的吧?你写了《播音主持实用训练教程》,为我们带了个好头。我真得向你学习,把语言艺术的训练方法成体系整建制地总结出来,记录下来,传播开来。我做传承做得太晚了,但亡羊补牢总比不做好。我现在自己写作已有些困难,正请几个大学的几位博士帮我。这样,总算对齐越等老师有个交代,让后辈也能借我辈肩膀**继续攀登播音艺术高峰**。

没想到这本书还能配上原来你出版的那套《播音与朗诵艺术作品选》,而且,还有声音资料,这太珍贵了!这是历史音响啊!当年你刚寄来立刻就被人拿走学习去了,现在也不知传到哪里去了。我已丢了很多资料,带音儿、带影儿的留得很少,现在真要搞总结了,傻眼了。这次,我可不客气了,请你一定要给我两套,一套我当作历史证据珍藏起来,谁也不给啦!另一套我自己平时用。至于我的学生们要用,那就让他们自己花钱买好了。

我相信,以你的专业教学经验,你的为人和你诚恳、朴实、细致的作风写出来的书,肯定是本好书。

就用这封信且当作这本《播音主持实用训练教程》的加油词吧!

祝好!

虹云
2015 年 8 月 20 日

虹云(1944 年 6 月—2025 年 2 月 13 日),原名冯云,著名朗诵艺术家,中央广播电视总台知名播音员、主持人、播音指导。她是首批获得"金话筒"奖的节目主持人,并曾多次获得"金鸡奖""百花奖""五个一工程奖""亚广联大奖"等诸多国内外奖项,享受国务院政府特殊津贴。她主持、解说的《午间半小时》《话说长江》《话说运河》等广播电视节目具有广泛的影响力。

目 录

第二版修订说明 / 1
虹云的一封信（代序） / 1
绪论　播音主持艺术专业课程教学指导原则与教学方法 / 1

第一部分　基础理论

第一章　播音概说 / 15
　　第一节　新闻主播和节目主持人的地位与作用 / 15
　　第二节　媒体有声语言表达类别 / 17
　　第三节　播音主持语言表达样式 / 22

第二章　普通话语音 / 26
　　第一节　普通话语音概述 / 26
　　第二节　声　母 / 28
　　第三节　韵　母 / 35
　　第四节　声　调 / 38
　　第五节　语流音变 / 42

第三章　播音发声 / 52
　　第一节　播音发声基础 / 52
　　第二节　气息控制 / 54
　　第三节　口腔控制 / 59

第四节　共鸣控制　/ 62

第五节　声音弹性　/ 64

第四章　播音创作基础　/ 67

第一节　关于备稿　/ 67

第二节　关于直播　/ 70

第三节　内部技巧　/ 70

第四节　外部技巧　/ 75

第五章　主持人即兴口语　/ 86

第一节　口语能力的重要性　/ 86

第二节　即兴口语的形成过程　/ 87

第三节　即兴口语的特点　/ 89

第四节　即兴口语的要求　/ 90

第五节　即兴口语的准备　/ 91

第六节　即兴口语的构思　/ 93

第七节　即兴口语表达的方法　/ 95

第六章　新闻播音　/ 99

第一节　消息播音　/ 99

第二节　新闻人物特写播音　/ 107

第三节　评论播音　/ 108

第七章　节目主持　/ 112

第一节　节目主持类型　/ 112

第二节　节目主持的基本特征与技巧　/ 115

第三节　节目主持用语　/ 118

第八章　诗歌与散文朗诵　/ 120

第一节　诗歌朗诵　/ 120

第二节　散文朗诵　/ 123

第二部分　语言训练

第九章　普通话语音训练　/ 129

第一节　绕口令　/ 129

第二节　贯　口　/ 133

第十章　主持人即兴口语训练 / 137
　　第一节　常规训练 / 137
　　第二节　词语连缀 / 139
　　第三节　命题说话 / 139
　　第四节　体态语 / 143

第十一章　新闻稿件训练 / 145
　　第一节　消　息 / 145
　　第二节　新闻人物特写 / 151
　　第三节　评　论 / 154

第十二章　解说训练 / 157
　　第一节　电视专题片解说 / 157
　　第二节　体育解说 / 162
　　第三节　文艺解说 / 163

第十三章　节目主持训练 / 167
　　第一节　新闻评论节目 / 167
　　第二节　社会服务节目 / 174
　　第三节　电视综艺节目 / 180

第十四章　文艺作品训练 / 185
　　第一节　诗　歌 / 185
　　第二节　散　文 / 196
　　第三节　小说片段 / 205
　　第四节　寓言故事 / 210

第十五章　影视配音训练 / 214
　　第一节　人物对白 / 214
　　第二节　公益传播 / 221

参考书目 / 224
后　记 / 225

音视频目录

音视频

新闻一	严於信、宝晓峰/145
新闻二	严於信/146
大江歌罢掉头东	齐　越/151
一株小草	方　明/152
还是要勤俭建国	葛　兰/154
伟大梦想照耀复兴之路	康　辉/155
中国女排荣获世界冠军	宋世雄/162
古画新声	方　明、林　如/163
不要使孩子成为流浪儿	虹　云/171
致台湾一位女中学生	徐　曼/174
文艺日历——陆游	雅　坤/178
观沧海	夏　青/185
石壕吏	夏　青/186
木兰诗	林　如/187
梅岭三章	齐　越/190
愿化泥土	陈　醇/197
谈骨气	夏　青/199
春	雅　坤/202
一个官员的死	关　山/205
简·爱	邱岳峰、李　梓/217
王子复仇记	孙道临、张同凝/219

绪 论 播音主持艺术专业课程教学指导原则与教学方法

随着传媒业的发展,播音主持艺术备受青睐,我国高等院校普遍开设了播音与主持艺术专业。要培养与社会需求相适应的播音主持专业人才,首先必须明确播音主持专业人才的培养目标,即培养适应中国社会主义现代化建设要求,具有深厚的语言文学素养和广阔的文化视野,具有一定的新闻学、传播学学科基础,能在广播电台、电视台及其他影视传媒机构,从事播音主持、影视动画配音、节目策划、新闻采访与编辑等相关工作的高级应用型人才。而要实现这一目标,除具备科学的人才培养方案、较强的专业教师队伍、合理的课程设置和完备的教学设备外,还需要科学的、系统的、适用的教学原则和教学方法。

研究、探讨播音主持专业课程的教学指导原则与教学方法,是为了提高播音主持艺术专业的教学质量,进而实现播音主持艺术专业人才的培养目标。

一、播音主持艺术专业课程教学指导原则

1. 专业理论的科学性与播音创作的实践性相结合

我国播音界的老一辈播音员,在半个多世纪的播音实践中,经过艰苦的探索,总结了新中国播音风格。改革开放以来,在专业理论研究方面,播音主持艺术也逐渐形成了理论体系。张颂教授是播音理论重要的奠基人之一。他的《播

音创作基础(第三版)》等著作"吸收了前人的经验,融合了大家的智慧和相关学科的前沿成果",《中国播音学》及其他理论著作"建构了合目的、合规律的独特理论体系"。①

播音主持专业的理论和实践紧密结合,"一定要给学生一个完整的理论体系,让学生对学科的理论体系有一个完整的认识。""凡是在播音实践上有大的造诣和建树的播音员、主持人,他们都有一套完整的创作理念。原来中央台的播音前辈们,如老一辈的齐越、夏青、林田、葛兰、林如,包括后来的铁城、方明、虹云、雅坤、徐曼、黎江等,每人都有自己的创作理念和一整套创作方法。没有这些我们称作理论、理念的东西作指导,实践就会盲目,就会跟风,创作也不会有高水平,或者只知其然不知其所以然。对我们的教师来说这一点就更重要了。在重视理论的同时,也应重视实践。率先垂范、'现身说法',就是要通过自己的实践来印证自己讲的方法是有效的。只讲理论是不行的,天桥的把式光说不练是不能胜任教学的。因此,理论要和实践很好地结合。"②

要善于把具有前瞻性的理论研究成果运用到教学实践中。金重建的《播音创作主体论》中的理论观点在已往的著作中涉及不多。"广播电视的大众传播特征,决定了传播主体在话筒、镜头前的语言创作不同于日常工作和生活中的谈天说地。有了创作自觉产生的基础,面对不同的创作依据,传播主体所能激发的创作灵感就有驰骋的创作空间,又不会失去表达实践的指向与归宿。"③因此,张颂教授在为该书所作的序言中指出:"自觉成了我们这个新兴学科、交叉学科的灵魂。""因此,播音创作必然是创作主体的创造性劳动过程,亦即在创作欲望支配下的、自觉的能量释放过程。"④在播音主持"金话筒"大赛和电视节目主持人大赛中,涌现了一批播音主持精品。所有这些都是从实践中总结、升华的播音主持理论用以指导播音主持创作实践的丰硕成果,也是专业理论的科学性与播音创作的实践性相结合的丰硕成果。

但目前,播音主持艺术专业的学生重视实践、轻视理论的现象非常普遍。例如,上辅导课时出勤好于上理论课,口试考试成绩明显优于笔试考试成绩。这说明学生对专业理论的重要性缺乏足够的认识,而用理论指导实践的能力也

---

① 张颂.播音创作基础(第三版)[M].北京:中国传媒大学出版社,2011:1.
② 付程.播音主持教学法十二讲[M].北京:中国传媒大学出版社,2005:70-71.
③ 金重建.播音创作主体论[M].北京:中国广播电视出版社,2008:14.
④ 金重建.播音创作主体论[M].北京:中国广播电视出版社,2008:1.

就显得不足,播音主持作品的质量也受到影响。同时,这也反映了专业教师理论知识掌握得还不够,在理论与实践的结合上功夫下得还不够。

2. 传播专业知识与培养专业技能并重

高等院校的播音主持艺术专业必须完成两大基本任务:一是使学生系统地学习掌握播音主持专业基础理论知识,二是使学生接受系统的语言训练并掌握语言技能。

从中国传媒大学(原北京广播学院)1963年开设新闻播音专业至今,已60多年的历史。在学科建设上,比起有的学科,播音主持还是一门年轻的专业,但发展迅速,已经形成了自己的理论体系。

如何把传授专业知识与培养语言技能结合起来,对教师而言,就是要对专业理论有深刻的认识、理解和运用。教师应将专业理论讲得深入浅出、准确到位,并在示范中体现出理论的指导效果。教师只需要肯定学生正确的地方,指出学生错误的地方,而不能主观地叫学生必须这样播,不能那样播;要给学生发展、创新的空间,避免学生都是一个"模子"刻出来的。学生要将专业理论知识学透、学扎实,并在实践中反复加深理解,而不是专业理论与专业实践"两层皮",所学理论用不上。

3. 师生互信与教学相长相统一

播音教学特别是小课教学辅导是一种亲传口授的教学形态,是一对一的指导,这就要求教师与学生形成良好的信任关系。

"一个人在艺术上是否能有大的造诣,起决定作用的就是两点:一个是看他的基本功怎么样,再一个就是看他的为人处世,即怎么做人。如果不能使学生在人格上钦佩你,老师又如何能说服学生呢?"[①]同样,若没有过硬的基本功,做不出让学生佩服的示范,教师在学生心目中的形象也会大打折扣。

教学相长是教师与学生共同提高。"教师应勤于钻研,走在理论队伍的前列,密切关注学科前沿的发展变化,在专业方面有发言权,能得到第一线的首肯,并经常带来新的信息,研究新问题,让学生少走弯路,适应实践不断提出的

---

① 付程.播音主持教学法十二讲[M].北京:中国传媒大学出版社,2005:81.

新要求的同时,使学生对自己的教学产生信任感,教师也更加自信。"①学生要学到真知识、练出真本领,就必须向教师学习。教师也要向学生学习,因为学生更易于接受新生事物,有较强的创新能力。

4. 主导式教学与互动式教学相结合

所谓主导,即处于主要地位并引导事物向一定方向发展。主导式教学就是在教学过程中,教师处在主导的地位,引导教学。在课堂上,教师必须掌控授课的内容和进程。主导式教学要做到两个公开:课程进度公开和阶段教学意图公开,并为互动式教学做好铺垫。主导式教学要求教师必须认真备课,讲课时要生动、幽默,要有激情,才能吸引学生。主导式教学绝不是教师在课堂上尽情"表演",更不是"填鸭式"的一言堂。主导式教学必须与互动式教学相结合,才能取得课堂教学的最佳效果。

互动式教学是教师在教学过程中与学生互相交流、默契配合。一是教师在教学中找到与学生互动的切入点,二是教师引导学生对问题展开讨论,三是学生配合教师在课堂上做示范。

5. 提高教学效率与提高教学质量同等重要

小课是将大课讲授的理论在小课中具体化、形象化的一个过程。小课教学的难点是学生不可能一起做练习,教师也不可能同时做辅导。一对一的教学特点,决定了教师只能一对一地对学生进行辅导。

教师在辅导一个学生时,要让其他学生都参与进来。例如,当一个学生朗读作品时,让其他学生参与点评。教师要布置作业,有了更多数量的积累,教学质量也就提高了。

6. 把专业实践与社会实践结合起来

专业实践首先是课堂实践活动,但由于课时少、学生多,因此,课堂实践不能完全达到教学要求。为了弥补课堂实践的不足,学生应加强课后训练。课后训练时间应是课堂实践时间的3至5倍。换句话说,每个学生课堂实践可能只有10分钟左右,而课后练习要一个小时左右。除课堂实践、课后训练外,学生

---

① 红岩.与吴郁老师谈播音教学法[M]//付程.播音主持教学法十二讲.北京:中国传媒大学出版社,2005:269-270.

也可以把校园广播台、电视台作为专业实践的场所。

社会实践包括两个方面,一是到媒体去学习、实践,熟悉工作环境,提高专业能力;二是通过媒体到社会上体验生活。

从时间段上来划分,学生的社会实践特别是专业社会实践,大体上可以分为四个阶段。大一"按兵不动"。有的学生大一期间就跃跃欲试到媒体去主持节目,而忽略了专业课的学习,这是得不偿失的。大二"稍有松动"。学生可利用业余时间到媒体,参加有利于提高专业水平的社会活动。大三"灵活机动"。学生可适当接触用人单位,为就业做好铺垫。大四"全面启动"。学生应把实习和找工作结合起来。

二、播音主持艺术专业课程教学方法

1. 播音主持艺术专业课程教学方法

播音主持艺术专业课程教学基本采用"大课讲授知识—小课辅导训练—课后练习"的教学方法。

(1) 大课讲授知识

大课讲授由主讲老师讲授本课程的理论知识,也可邀请专家做专题讲座。大课理论讲授要符合科学性、知识性、指导性的要求,避免理论性过强、抽象概念论述过多,要体现理论对实践的指导作用;要通过实例将理论讲活,要有"掰开皮说馅"的本事,深入浅出,如示范时,"要用有声语言、体态语等多种手段的讲述,充分营造出尽量接近真实的场景气氛,帮助学生体会"。"示范可以稍微夸张以便于学生理解、体会和形象记忆。"[1]教师应通过举例、示范等方式,克服理论课的枯燥,提高学生的学习兴趣。第一线的播音员、主持人可以"现身说法",使学生认识到学习专业理论知识的重要性。

"我们提倡大课精讲,不要怕在课上练习会占用大课的时间,因为许多理论知识学生可以通过看书而获得、理解。大课最核心的东西还是有利于学生转化为能力方面的内容。"[2]不同阶段的大课,授课方法也不一样,有的大课可以带有

---

[1] 熊征宇. 马桂芬老师谈播音教学法[M]//付程. 播音主持教学法十二讲. 北京:中国传媒大学出版社,2005:286.
[2] 付程. 播音主持教学法十二讲[M]. 北京:中国传媒大学出版社,2005:84.

小课色彩,如结合作品说明理论的运用。

(2) 小课辅导训练

小课辅导训练的目的是消化大课讲授的专业理论,使学生将理论应用于实践。小课教室应配备录音机、录像机等设备。

小课辅导训练要注意以下几点。

①将专业理论融入语言训练,避免语言训练只注重技巧训练。

②稿件训练要先易后难、先少后多,逐渐加大训练量。

③统一稿件和自选稿件结合,以统一稿件为主。从统一稿件中看出学生的差别。

④先声音后形象,把话筒前播音和镜头前播音结合起来。

⑤采用"解剖麻雀"的方法,互听、互看、互评、互学。

⑥学生可以有不同意见、看法;对于稿件可以有不同处理方式。

⑦不要按固定模式要求和训练学生。

⑧对学生提出的要求具体、现实,避免抽象。

⑨对学生训练时的缺点和不足,不要过于挑剔、批评,要"留有余地",使学生看到希望。

(3) 课后练习

课后练习是对小课辅导训练的补充,一方面完成教师留给学生的课后训练作业,另一方面可在实验室完成录音、录像等训练内容。

课后练习最好是学生之间结成对子,互帮互学;并且,老师应当给予课后指导。

2. 播音主持艺术专业课程教学方法

播音主持艺术专业课程教学方法可概括为"讲与练紧密结合"。这是由本专业的特点所决定的。根据教学指导原则与教学规律,可采用以下几种教学方法。

(1) 四结合教学法

四结合教学法指讲授与示范相结合、示范与辅导相结合、辅导与演练相结合、演练与作品相结合。

①讲授与示范相结合

教师应结合具体的作品,向学生讲解基础理论、传授专业技能;应通过示范使学生对理论的运用有感性的认识。示范有三种方法。一是讲课教师示范。

这需要教师具备深厚的语言功底,能真正起到示范作用。二是播放优秀播音主持作品进行示范。最好选择有代表性的、有影响力的播音主持名家的作品。三是由表现突出的学生现场示范或播放他们的习作。

②示范与辅导相结合

在小课辅导过程中,结合具体稿件,教师要对训练作品进行示范播读,或是全篇,或是片段。这种示范可以在学生训练前,也可以在学生训练过程中,边辅导、边示范,使学生真切地感受到教师是怎样理解、感受、表达作品的。

③辅导与演练相结合

由专业教师制定稿件训练要求,由上课教师制定演练提示。对有代表性的或难度大的稿件要"抠"得细一点、研究得深一点。演练必须认真、投入,形成良好的创作状态。学生进入演播间录制节目时应一气呵成,不能断断续续,以免养成不好的习惯。

④演练与作品相结合

演练可以分步进行,并结合作品进行整体训练。例如,可以由教师确定话题,也可以由学生自选话题,评述结合。开始可叙述 4 分钟、评述 1 分钟;随后可叙述 3 分钟、评述 2 分钟;最后叙述 2 分钟、评述 3 分钟。这个过程可在一个学期内完成,反复的训练会使学生的语言能力有明显提升。

(2)回环渐进法

在教学过程中,常常出现这样的情况,当一门课程已经结束,进入下一门课程时,前一门课程存在的问题在下一门课程中仍然存在,甚至还很明显,如学生在第二学期的播音发声课、即兴口语表达课,第三学期的播音创作基础课等。学习过程中,还会出现前一学期的普通话语音的问题、播音发声的问题。这就说明,有些学生的语音问题、发声问题,需要 2~3 个学期才能解决。在后续课程的训练中,要继续解决前面课程遗留的问题。同样,在播音创作基础课上,学生学习了播音创作的要求、规律、语言技巧,但在后续的文体播音课、广播电视节目主持课中,仍需要消化、巩固前面学过的知识。

播音主持艺术专业教学既需要循序渐进,也需要回环渐进。这既体现了课程的独立性,又体现了课程的融合性。回环渐进是一种科学的、有效的方法,使课程前后衔接、各有侧重。

"回环"又分为"大回环"和"小回环"。"大回环"指课程与课程衔接过程中,围绕专业知识和专业能力提高的综合过程;"小回环"指在某一课程中训练过程的某种反复,以强化和巩固训练成果。

例如,一个学生的方音很重,在一个小回环中不可能解决语音问题,必须在大回环中,继续解决这个问题。"老师和学生都不要太急躁,一定要掌握正确的部位、正确的方法,要让他找到这个部位,然后,反复地重复,也许一万遍不成,一万零一遍就成了,一定要建立起一个新的条件反射,才能取代原有的发音习惯。"[1]

(3)快速推进法

一些学生语言感悟能力较强,教学过程可以适当快速推进。教师可以为基础较好的学生单独制定教学实践课的内容,加大训练难度。

"有人说,初学者想创新,就像不会走路的儿童想跑似的,不切实际。这个看法无异于画地为牢,不许初学者越雷池一步,当然是不全面的。不会走就想跑,看到了走是跑的基础,是对的,但跑一下,更可以体会到掌握身体平衡的重要,对走不是有好处吗?初学者思想活跃,最少保守,怎么不会给播音带来一点儿生活气息呢?甚至带来一点儿新颖的表达,也是可能的。"[2]

基于这种考虑,在大二的主持人即兴口语课上,教师可以让学生做一些小栏目的主持训练。如果大三、大四才安排节目主持课,那时候才训练学生如何做栏目就太晚了。这种快速推进不是盲目的,也不是背离教学计划要求的。

(4)说写结合法

要改变播音主持艺术专业的学生只练说、只会说,不会写或不善写、懒得写的现状,不能只用现成的稿件练习语言表达,否则很难提高即兴口语的表达能力。因此,学生既要练说,也要练写,说写结合。吴郁教授把"说"与"写"的关系分析得十分透彻。她说,"说"与"写"都应重视,不过,这里有一个体现的问题。"写"是为了更好地"说",而"说"应以"写"为一个重要的训练手段,教师要求学生善于在生活中发现问题、积极思考,形之于文字,然后,通过专业训练更好地诉诸"说"。[3]

---

[1] 吴弘毅.播音与主持艺术专业普通话语音教学法[M]//付程.播音主持教学法十二讲.北京:中国传媒大学出版社,2005:104.
[2] 张颂.播音创作基础(第三版)[M].北京:中国传媒大学出版社,2011:160.
[3] 红岩.与吴郁老师谈播音教学法[M]//付程.播音主持教学法十二讲.北京:中国传媒大学出版社,2005:270.

"抽题主持"训练,可以从"写"到"说"练起。"抽题主持"以记叙为主、以议论为辅。可循序渐进,先按已经写好的练习稿背着说,然后再按提纲说,最后只打腹稿。此后既可把提纲作为腹稿,也可记住几个要点,这样,就能做到依次有序的练习,把书写的文字稿或提纲,变为说讲式的口语作文。①

播音主持专业的新闻采访与写作课一般安排在大三,但在教学过程中,不必等到大三才练写,大二的主持人即兴口语课就可以让学生自己写稿。正如张颂先生在为《主持人即兴口语训练》一书所作的序言中所指出的,我们尤其要注重话语主体的人文修养和知识储备。阅读名篇佳作、当众朗诵一定要"积铢累寸""集腋成裘";捕捉新鲜话题、提高写作能力一定要"眼观六路""下笔千言"。②

(5)鉴仿统一法

鉴,鉴赏;仿,模仿。提高对播音主持艺术精品的鉴赏力,是提高播音主持专业学生创造力的重要途径,而开设播音主持精品赏析课是提高学生专业素质和修养的重要环节,"并帮助学生建立准确的专业评价标准,树立正确的语言创作观和有声语言审美评价标准"。"通过鉴赏力的提高,能够促进学生有声语言创造力的提升。"③

"模仿是许多艺术借以流传的手段之一。播音表达学习中,回避它、排斥它,不一定妥当。模仿中,可以是死的、机械的、表面的,如从声音音色、句式处理等单纯模仿,就会走入死胡同,即齐白石所谓'学我者生,似我者死'。但模仿中也可以是活的、灵动的、深化的,如从情声变化、语势推进等自觉模仿,就能开拓心境,增益其所不能。"④

应将鉴赏与模仿统一起来,并把握以下几点。

①鉴赏的作品一定是播音主持艺术精品。

②鉴赏作品的领域要宽泛一些。

③从不同角度欣赏名家名作的特点、风格、特色。

赏析精品不能只依靠赏析课,要使学生处于艺术氛围中,耳濡目染,提高自己的欣赏水平。

---

① 卓燕生.播音与主持艺术[M].呼和浩特:内蒙古大学出版社,2007:204-205.
② 应天常,王婷.主持人即兴口语训练[M].北京:中国传媒大学出版社,2009:2.
③ 王宇红.有声语言精品鉴赏课的性质、作用及教学理念研究[M]//中国传媒大学播音主持艺术学院.播音主持艺术(9).北京:中国传媒大学出版社,2009:95,98.
④ 张颂.播音创作基础(第三版)[M].北京:中国传媒大学出版社,2011:160.

教学法的研究和运用还可以按课程进行,如"普通话语音教学法""播音发声教学法""即兴口语表达教学法""播音创作基础教学法""新闻播音教学法""节目主持教学法"等。

每个教师的教学经历不同、学识修养不同,对播音主持教学也有不同的领悟,应采取不同的教学方法。如果教师能形成教学团队,共同研讨,将会促进学科的发展。

张颂教授曾说:"我们主张不断地创新、发展,将来我们学院派也会有不同的学派,比如吉林学派、上海学派、南京学派等,不同学派的林立,说明这个学科的兴盛,应该鼓励呼唤这种学派林立的情况,使我们的教育得到大的发展。""我们都要成为有声语言的典范,谁都向我们学习,谁都要向我们借鉴经验,这对其他学科也是一种贡献。"[①]

三、提高教学质量的根本保证——教师的实力

教师的实力是提高教学质量的根本保证。为什么这么说呢?很简单,因为任何事情都是由人来完成的,教学也是这样。因此,专业教师的水平——实力,在某种意义上说,就是教学质量的决定性因素。

所谓实力,就是完成一项目标或任务所体现出来的综合素质。

第一,知识储备显实力。我们以《中国诗词大会》为例。主持人董卿体现出深厚的诗词修养,带动观众重温那些曾经学过的古诗词,分享诗词之美,感受诗词之趣,从古人的智慧和情怀中吸取营养,涵养心灵,使观众从参加这一活动的开始到结束都在享受"有诗意的生活"。董卿的出色主持体现出她深厚的知识储备和独具特色的专业实力。在专业教学中,如果按照本书的"说写结合法",可以写10分钟的《中国诗词大会》节目的创作文本并进行表达训练。而这项专业训练活动可以持续坚持下去。

知识储备不仅对从事播音主持第一线的人重要,对从事播音主持专业教学的教师也尤为重要。我们要向齐越、夏青、张颂等播音前辈学习。齐越——第一位播音学教授、"我国播音界的一代宗师"。播讲的《谁是最可爱的人》《县委

---

① 张颂.中国播音学发展论[M]//付程.播音主持教学法十二讲.北京:中国传媒大学出版社,2005:31-32.

书记的榜样——焦裕禄》《大地的儿子——周恩来》影响深远。夏青——金声玉振,洪钟大吕。夏青的政论播音震寰宇,古诗词朗诵《石壕吏》《观沧海》等风格独特。夏青与齐越一道,共同筑起了播音艺术领域中后人难以企及和逾越的山峰,创造了代表中国人民播音事业的一个时代的辉煌。张颂——中国传媒大学播音主持艺术学院终身教授,播音主持艺术理论奠基人之一。张颂主编的《中国播音学》,原创《播音创作基础》《朗读学》等是播音主持专业学习的必修教材。

第二,专业理论显实力。衡量专业水平的重要体现是专业著作和专业论文。近些年,播音主持专业的书籍如雨后春笋,"遍地开花"。张颂教授为许多作者的书籍作序,鼓励大家的专业创作。仅中国传媒大学的播音主持专业书就有:《播音主持教学法十二讲》(付程)、《广播电视即兴口语表达》(鲁景超)、《教你播新闻》(高蕴英)、《播音心理学》(祁芃)等。

在专业理论研究上,借鉴其他姊妹艺术的精华。例如,曲艺艺术的吐字归音,绕口令"吃葡萄不吐葡萄皮儿,不吃葡萄倒吐葡萄皮儿"是曲艺界演员练习基本功的段子;声乐艺术的气息控制,"兴奋从容两肋开,不觉吸气气自来"是声乐界演员练习基本功的方法。

60年来播音主持专业的发展已具有相当大的规模,并形成了较为完整的专业和教学体系。播音主持专业教学主要包括专业理论知识的讲解和专业课堂的"示范教学"。专业理论知识的讲解主要在"大课"教学中,或更大范围的讲座。理论的讲解不仅要有系统性,还要有针对性、启发性。有的专业教师既能"脱稿"讲解,又能思路敏捷、逻辑严谨地表达,使教学生动有趣,深受学生的欢迎。理论教学是彰显专业实力的重要方面。

第三,"示范教学"是教学的重要方式,也是专业教师彰显实力的"场所"。

"示范"的范围大体包括以下内容:(1)声母的发音部位;(2)单元音韵母和复韵母的发音;(3)声调(调值)的发音;(4)声音的音高、音长、音量和音色是怎样体现的;(5)气息是怎样控制的;(6)口腔是怎样控制的;(7)共鸣是怎样控制的;(8)示范新闻(消息)播报;(9)示范新闻人物特写播讲;(10)示范评论播音;(11)示范命题说话(3分钟);(12)示范节目主持(8分钟);(13)示范诗歌朗诵;(14)示范散文朗读;(15)示范寓言故事演播;等等。

对示范教学的基本要求:

(1)对比式。例如,发音方面,怎样发音是对的,怎样发音是不对的;语言表达方面,怎样表达是好的,怎样表达是不好的。

(2)夸张式。主要指语言表达可"放大"一些,使其更生动、更形象、更感人。

示范的作用是使学生"开眼界",不是让学生照葫芦画瓢,学生不要机械地模仿老师的"示范",老师的"示范"只是"演示"和"开导"。同时,示范要和辅导紧密结合,使学生立马"开悟",得到"实惠",得到提高。

第四,展示多才多艺的本事,是实力的一种体现。

多才多艺不只是会歌唱、会跳舞、会弹几件乐器,还要广泛涉猎文学艺术领域,如,学写作。写诗歌,写散文,写寓言故事,还可以写文艺作品,如小品等。文学、文艺创作是高层次的艺术,它能陶冶情操,净化心灵。能"说"又能"写",两把"刷子",如虎添翼。也可以与编导合作,提高自己的策划和撰稿能力。

播音主持艺术专业的实力,首先是有坚实的语言基本功,如同著名播音艺术家铁城老师所说:"语言基本功是艺术,你要是没有基本功的话,就谈不上艺术。基本功是力量,要想把稿件播得有力量,能激发人、感染人,没有基本功就谈不上这个力量。基本功是创造,坐在话筒前、屏幕前进行语言创造,没有基本功也就谈不上创造。"

第一部分

基础理论

第一章 播音概说

第一节 新闻主播和节目主持人的地位与作用

关于"播音"的定义,张颂教授做了如下阐述:"播音,是广播电视传播中话筒前、镜头前进行的有声语言(包括副语音)创作。"[①] 广义的播音指电台、电视台等电子传媒所进行的一切有关声音语言和副语言传播信息的活动。狭义的播音指播音员主持人运用有声语言和副语言通过广播电视传媒进行信息传播的创造性活动。

1955年3月在全国播音业务学习会上,时任国家广播局局长的梅益同志指出:"播音员是向千千万万的人进行宣传鼓动的党的宣传员。"在随后的全国优秀广播节目欣赏会上,时任中央人民广播电台艺术指导的齐越发表了"播音是一种具有独立性的语言艺术创作"的重要观点。

现在,播报新闻的叫"主播",主持节目的叫"主持人",不再使用"播音员"的称谓。"新闻主播"远比"播音员"的表意更准确,更具有新闻属性,新闻主播是主导(主持)一档新闻节目的人,他使新闻宣传更具有公信力。这样看来,我们可以启用"新闻主播"这一概念了。

---

① 张颂.播音创作基础(第三版)[M].北京:中国传媒大学出版社,2011:3.

新闻主播和节目主持人的地位与作用,可以从以下几个方面表述。

一、喉舌之位

我国广播电视的公有制性质,决定了广播电视为全体人民所有。我国社会主义建设的各项事业,都是在中国共产党的领导下进行的。广播电视作为具有强大影响力的新闻舆论工具,尤其要置于党的领导之下。所以说,广播电视是党、政府、人民的喉舌。而具体体现这一喉舌作用的,正是在话筒前、镜头前工作的新闻主播和节目主持人,而尤以新闻主播体现得更为明显,其更富有使命感和责任感。回顾历史,在苏联人民反法西斯的伟大斗争中,著名播音员尤里·列维丹铿锵有力的播音鼓舞了人民,震慑了敌人。1947年5月,毛泽东同志对报道"蟠龙大捷"的那位播音员给予了高度赞扬:"这个女同志好厉害,骂起敌人来义正词严,讲到我们的胜利很能鼓舞人心,真是爱憎分明,这样的播音员要多培养几个。"[①]新闻主播和节目主持人要忠诚于党的广播电视事业,要明确作为党、政府、人民的喉舌作用的职业特点,要满腔热情地宣传党的政策、主张,赞美人的精神风貌,弘扬习近平新时代中国特色社会主义思想。

新闻主播和节目主持人代表党、政府、人民群众在各大媒体发声。他们是真正的"中国好声音"。

二、前沿之地

一般来说,广播电视传播信息的速度要快于报纸。目前,许多电台、电视台采用直播的方式传播新闻信息,更是报纸所望尘莫及的。新闻主播处在传达政令的最前沿,传递新闻信息神速。"一言既出,驷马难追。"准确、无误、安全播音,新闻主播要时刻铭记在心。

播出差错几乎是无可挽回的。因此,新闻主播必须具有高度的责任感。一是备稿要细心,在理解上下功夫。即使在紧急情况下也要抓紧一切时间,见缝插针地准备稿件。二是播音时精神集中,确保安全播音。

新闻主播和节目主持人应是党和人民可信赖的忠诚战士。

[①] 电波上的新中国,是怎样诞生的[N].解放日报,2014-10-05.

三、中介之序

一档节目如果没有新闻主播和节目主持人的串联,在某种意义上讲,几乎构不成一档节目(栏目)。因此,主播和主持人成了节目不可缺少的组成部分。无论节目多么重要和多么精彩,没有新闻主播和节目主持人的精心串联,都是不完整的。

四、联系之带

广播电视是党和政府联系人民群众的纽带和桥梁。新闻主播和节目主持人起到了上情下达的作用。如果说在传达政令方面,新闻节目主要是上情下达,如《新闻联播》《朝闻天下》《新闻直播间》,那么,一些专题节目,如《焦点访谈》《今日说法》《生财有道》等节目,多是下情上传。要使党和人民"心连心",主播和主持人就是党和人民的"纽带"和"桥梁"。

五、媒体之标

从某种意义上讲,新闻主播与节目主持人是广播电视节目的生命力所在,是电台、电视台等媒体的门面,是"台标"。例如,中央电视台《新闻联播》的几位播音员被誉为"国脸"。一个节目能否成功,很重要的一点,就是新闻主播和节目主持人是否被受众所接受、所喜欢。一些节目用主持人的名字作节目名号,成为名牌节目。例如,1993年创办的《一丹话题》,就是以敬一丹的名字命名的节目,这在全国是第一个;还有《鲁健访谈》等。

第二节 媒体有声语言表达类别

媒体有声语言泛指广播电视网络等媒体节目中,以新闻主播和节目主持人为创作主体的有声语言。媒体有声语言既包括广播电视节目中以稿件为创作依托的有声语言,也包括在没有稿件依托的情况下,主持人与嘉宾、受众进行现场交流的即兴口语。

在新闻主播和节目主持中,将这两者结合起来的语言表达形式普遍存在。例如,新闻播音的播说式,是在以往的播报式的基础上发展起来的。在谈话类节目、综艺节目中,主持人要将规定稿件变成自己的语言表达出来。既要实现创作者的创作意图,又要体现主持人的个性风格。

媒体有声语言表达可分为以下几类:(1)文本加工式;(2)播说结合式;(3)背诵主持式;(4)即兴评说式;(5)配音解说式;(6)访谈问答式。

一、文本加工式

文本加工就是我们常说的有稿播音。有稿播音不是念字出声,也不是一般意义上的照本宣科,而是要经过二度创作才能形成的崭新的有声语言形态。

例如,早期的中央人民广播电台《空中之友》节目中徐曼对台湾同胞广播,有一期节目是"致台湾一位女中学生",稿件作者是王德枫,但徐曼把稿件变成了自己要说的话,没有一点稿件播读的痕迹。将稿件变成有声有色、声情并茂的广播电视口语,这需要主持人具有独到的创造实践和创作风格。

二、播说结合式

播说结合式是新闻类播音继传统播音(宣读式和播报式)后被认可的新型语言样式,多用于民生新闻或谈话类节目。

改革开放后,广播电视节目一改过去以播为主的语言形态,节目的内容和形式发生了深刻变化。这期间,也出现了对传统播音的"否定",这是对我国播音发展历史缺乏了解、对播音艺术的继承和创新关系缺乏辩证认识的偏颇之见。即使当下,播报式仍然是消息类新闻播音的基本形式。

播说结合式具有以下特点:(1)朴实大方、亲切自然;(2)语速稍快、语气稍活;(3)对象感强、贴近生活。

在谈话类节目中,"说"的成分会偏多;同时,也有"播"的成分。需要指出是,有的主持人说话过于随意、语速过快、吐字不清,这在很大程度上是因为忽视了"播"的成分。

三、背诵主持式

背诵主持指以现成的稿件为依托主持节目,多用于大型的、庄重的政治性活动,如香港回归庆祝活动、中国共产党成立100周年庆祝活动。主持一些大型文艺晚会时,主持人也可以有一定的即兴语言表达。例如,中央电视台综艺节目主持人朱军和董卿,在主持大型文艺节目时,表现出极强的驾驭文本的能力,能将大段大段的稿件有声有色地、流畅地表达出来。

背诵主持式要把握以下几点。

(1)背诵稿件是基础和前提

要有很强的记忆稿件能力,理解稿件迅速而深入。只有把稿件内容变成自己的表达语言,才不至于有"念稿"的痕迹。

(2)调控现场气氛

主持节目时,主持人必须营造与观众沟通交流的氛围。例如,2009年9月24—29日,中央电视台举办系列歌曲演唱会《歌声飘过60年——献给祖国的歌》,主持人管彤、张泽群情感丰满、声音富有韵味,营造了与现场观众交流、沟通的氛围。

管 彤:亲爱的观众朋友们,您现在收看的是庆祝中华人民共和国成立60周年特别节目《歌声飘过60年——献给祖国的歌》系列歌曲演唱会。

张泽群:今天我们的歌声将伴随您回顾20世纪70年代。在上个世纪70年代,《我爱北京天安门》这首歌,也许是中国人最熟悉的一首歌。在很长一段时间里,只要您翻开小学一年级的课本,第一课就是《我爱北京天安门》的歌词:"我爱北京天安门,天安门上太阳升。伟大领袖毛主席,指引我们向前进。"

管 彤:这歌词我们大家都太熟悉不过,这首歌表达了少年儿童对毛主席的热爱。这之后,无论是外国元首来访的招待演出,还是中国艺术团到外国访问演出,都会把这首充满童稚的歌曲作为保留曲目。

(3) 主持人互相默契配合

在背诵式主持中，主持人之间很难进行互动和交流。主持人之间应默契配合，如相互间侧身的动作、眼睛余光的扫过等。

(4) 主持人充满激情

背诵式主持常用于重大活动和大型场面。这种场合要求主持人必须情感丰满、声情并茂。而这需要以优美的声音和稳健的气息为依托，不能一"激动"声音都变调了。

四、即兴评说式

即兴评说式有以下几个特点。

(1) 思辨性

主持人的语言要有思辨性，合情合理、自圆其说，三言两语，紧扣主题，体现思维的缜密，要使人得到教益和启发，并留有思考的余地。

(2) 故事性

主持人的语言要有故事性，如清楚地讲述故事的来龙去脉、绘声绘色地描述人物语言等。

(3) 互动性

观众不喜欢主持人口若悬河、夸夸其谈，更不喜欢主持人说教式的口吻。他们更乐意与主持人在平等的氛围中，敞开心扉地进行沟通与交流。

五、配音解说式

广义的配音解说包括广播电视节目、影视剧、动画片的配音与解说。一般来讲，配音解说式具有文本加工的成分，也有自身的语言表达特点。

(1) 声音富有弹性和个性

无论是广播文艺节目，还是电视专题片（新闻专题、文艺专题），解说者的声音应该是美的。而这美的声音就是富有弹性和个性的声音。

解说词要插进音乐、画面、剧情之中，这就要求解说者的声音具有弹性和个性特点。弹性主要表现为声音的柔韧性。这种柔韧性是在声音放松的状态下，适当增加三腔共鸣取得的。

(2)情感内敛、含蓄

内敛,指情感不强烈;含蓄,指情感不直白。解说词不能过分夸张,否则易给人喧宾夺主之感。

(3)语气变化"若进若出"

解说词穿插在整个节目之中,这就决定了各段解说词的语气变化"若进若出"。以音乐舞蹈《采山》的解说词为例。

①《采山》这个舞蹈,以生动形象的舞蹈语汇,描绘了一幅具有林区生活特色的情景。

②深秋的长白山,风光瑰丽,一片金黄。山道上跑来一位活泼的少女。

……

③姑娘踏上了细长的独木桥。

④眼望长白秋色,果实累累,姑娘心里充满了喜悦,她赶忙放下背筐,开始采摘。

⑤哎,那儿的蘑菇真多呀!哟,这儿的五味子多红啊!

要明确各段解说词是"主"还是"从",从而决定语气的色彩变化。如上述解说词示例中,①解说词——若出;②③④解说词——若进;⑤剧中人物语——进入。这就是业内人常说的"进进出出"。在把握"进进出出"的具体语气变化时,要特别注意整体的和谐统一。

(4)解说词、画面、音乐相辅相成

以电视专题片为例。画面是电视专题片的主干,解说词和音乐受画面内容的制约,对画面起解释、补充、烘托、丰富等作用,三者应相辅相成。

六、访谈问答式

这里的访谈问答式指主持人在演播室对邀请的嘉宾进行的访谈、与记者进行的新闻连线。

访谈是一门艺术。中央电视台《半边天》节目主持人张越在谈到访谈嘉宾的体会时说:"嘉宾是千姿百态的人,每个人都有自己的人格魅力。他平时是藏着的,你要在很短的时间内很集中地给他引出来,让人们看到一个有个性的人。我相信我是真诚的,我相信人性是相通的。"

访谈要想问得好,需要注意以下几点。(1)对采访嘉宾有一定的了解。只有了解得全面,提问才能得心应手、游刃有余。(2)保持一种平等的心态,尊重被采访者,在与嘉宾的交流中产生心灵的共鸣。(3)善于聆听,在聆听中更好地提问。(4)巧妙地使用"打断"技巧,避免被采访者谈话的冗长、跑题。

第三节 播音主持语言表达样式

一、宣读式

宣读式常用于重要新闻稿件的播读,如主席令、公告、通告、讣告等。

这类稿件意义重大,在行文上字斟句酌、言简意赅。因此宣读时,不允许做口语化处理,必须一字不差地"照本宣科"。因稿件内容的不同,宣读时感情色彩、语速会有明显的不同。一般由资深新闻主播宣读这类稿件。

二、播报式

播报式的特点是朴实大方、语句工整、清晰流畅、声音明快、节奏适中,多用于广播电视消息类新闻稿件。

采用这种表达样式时,气息控制能力和口腔控制能力十分重要。气息的快进快呼呈现的稳劲和均匀,在语流行进过程中字音在口腔的快速形成,需要长期的训练。我们可以从播报几百人名单的一气呵成中,感受到播报式的语言功力。

三、播讲式

播讲式情感丰富、错落有致、起伏跌宕、刚柔得体,多用于新闻人物特写等,具有新闻性、形象性、生动性和多样性的特点。

播讲式要求播讲者不仅具有丰富的想象力和情感的调控力,还具有强烈的表现欲和对象感,将故事播讲得入情、入理、入境、入心。

四、评论式

评论式是新闻主播和节目主持人或以稿件为依托,或现场评论,引导社会舆论,具有较强的新闻性、政策性、指导性、针对性。

评论式的特点是观点鲜明、逻辑严谨、层次清晰、语势平稳、分寸恰当、言简意赅、针砭时弊。要根据所评论问题的性质、范围和影响,把握好政策分寸和感情分寸。

五、播说式

播说式是广播电视节目,特别是新闻类和谈话类节目中运用最广泛的一种语言形式。一般来说,新闻节目播的成分多一些,其他节目说的成分多一些。播说式的重要特点是语言的流畅和快捷,但语速不能过快,否则会使声音的入耳度减弱,将"真"变"浊"。

播说式语言形式的运用与节目内容有关,也与新闻主播和节目主持人的性格、语言风格有关。

六、交谈式

主持人和受众在交谈中沟通思想、传递信息,建立起平等的关系。交谈式的口语化明显,语言亲切、自然、鲜活,多为即兴口语。

交谈式节目多为主持人与嘉宾对话的形式。例如,中央电视台鲁健主持的《鲁健访谈》节目。他与被采访者交谈时,给人一种谦和与友善之感。细心地谈、耐心地听,从头到尾他的眼神都是专注的。

七、自述式

自述式指播讲者以第一人称转述作品中"我"的故事、表达"我"的情感。自述式不仅适用于散文特写、电视文学等作品,也适用于广播电视新闻性专题节目。自述式的特点是语言质朴、语调平和、亲切自然。

运用自述式,要以"我"的情感确定基调,并使"我"的情感贯穿全篇,充分展现"我"的内心世界。

八、评话式

评话式是采用播讲和借鉴评书语言形式的一种新型有声语体。这种语言形式常用于新闻人物特写中。《颜书记和头号座》在写法上就有评书的"味道"。

评话式的特点是语言错落有致、起伏跌宕、刚柔得体、形象生动,具有固定程式。语言虽有一定的渲染成分,但不失真。早期中央电视台财经频道王凯主持的《财富故事会》,具有评话式特点。

九、解说式

解说指解释和说明。解说式常用于文艺广播剧解说、电视剧旁白配音、电视专题片解说、体育节目解说等,起到解释、说明、补充、丰富、推进节目的作用。

解说式的基本要求:(1)解说要和音响、画面有机配合;(2)不能喧宾夺主,始终把握解释、说明的基本要求。

十、朗读式

在广播电视节目中,常常播出诗歌和散文等文学作品。近几年,中央电视台组织的每年一次的新年新诗会,多由电视台节目主持人朗诵诗歌作品。

朗读式的基本要求是抒发情感、体现诗意、悠扬舒展,以求达到音美、情美和意境美的语言艺术效果。

十一、演播式

这里所说的"演播",是"演"和"播"的结合。电视节目主持人的现场主持也具有演播的特点,属于演播式语言运用的范畴。

演播式要求适当改变音色,以适应表现人物和拟人化的要求。演播式主要采用音高、音强、音长、音色、音速的巧妙变化,使有声语言起伏跌宕。例如,寓言故事可对声音进行"化妆",对人物语言的表达进行拟人化处理。

第二章 普通话语音

第一节 普通话语音概述

一、普通话语音性质

1. 物理性质

任何声音都是由物体振动而引起的,物体振动所形成的声波刺激听觉神经,形成人耳所感觉到的声音。人的声音是由声带振动共鸣器官而产生的,具有音高、音强、音长、音色的特征,即声音四要素。

2. 生理性质

语音是由人的发音器官发出来的,是发音器官进行活动的结果。离开发音器官就不可能产生语音。发音器官是语音发声的生理基础,也是语音存在的物质前提。因此,了解发音器官的构造和功能,就可以从生理的角度分析语音的发音过程。

3. 社会性质

语音是代表一定意义的声音,因而具有社会性。语音的社会性首先表现在声音和语意的关系上,其次表现在不同语言(或方言)各自独立的语音系统上。

二、普通话语音基本概念

汉语普通话是以北京语音为标准音、以北方话为基础方言、以典范的白话文著作为语法规范的现代汉民族共同语。

1. 音节

音节是听觉上能感受到的最自然的语音单位,是听觉上最容易分辨的音段,由一个或几个音素按一定规律组合而成。一般来说,汉语中一个汉字就是一个音节。每个音节由声母、韵母和声调 3 个部分组成。

2. 音素

音素是构成音节的最小语音单位。普通话中共有 32 个音素,其中元音音素 10 个、辅音音素 22 个。一个音节一般由 1～4 个音素构成。

3. 音位

音位是语音中具有区别意义的最小的语音单位。

4. 元音

又称母音,是音素的一种。发音时,气流在口腔中不受明显阻碍,呼出气流较弱,发音器官肌肉均衡紧张,声带颤动,声音响亮清晰。

5. 辅音

又称子音,是音素的一种。发音时,气流在口腔中明显受到阻碍,呼出气流较强,发音器官对气流构成阻碍的部分肌肉紧张;大部分辅音发音时声带不颤动。

6. 舌位动程

在发复合元音的韵母时,舌位的前后、高低和唇形的圆展发生连续移动的变化过程。例如,发"来(lái)"时,a 的舌位动程是由前低 a 起音,向前高音 i 滑动。

第二节　声　母

一、声母概说

1.什么是声母

声母就是汉语音节开头的辅音。普通话声母共有 21 个,包括 b、p、m、f、d、t、n、l、g、k、h、j、q、x、zh、ch、sh、r、z、c、s。声母性质上必须是辅音,位置上必须在音节的开头。例如,"天安门(tiān ān mén)"这 3 个音节中,t 和 m 是声母,an 没有声母,因为 a 不是辅音,n 是辅音,但不在音节开头。

汉语音节结构一般包括声母和韵母两个部分。少数音节只有韵母,没有声母。如果音节开头的音素不是辅音而是元音,我们就称这样的音节为"零声母",如"安(ān)""欧(ōu)""宇(yǔ)"。

2.声母和辅音的关系

(1)任何一种语言都有辅音,声母是汉语独有的。

(2)声母是从分析汉语音节结构的角度提出的概念,辅音是从分析音素性质的角度提出的概念。

(3)在汉语中,声母都是辅音,而辅音不一定就是声母,如"南(nán)",前后都有辅音 n,开头的 n 做声母,后面的 n 与元音 a 一起做韵母。可见,辅音运用范围比声母大。汉语普通话里的辅音除 ng 不能充当声母外,其余的辅音都可以充当声母。

二、声母的分类

1.根据发音部位

(1)双唇音:由上唇和下唇闭合构成阻碍,共 3 个,包括 b、p、m。

(2)唇齿音:下唇和上齿靠拢构成阻碍,只有 f。

(3)舌尖前音:舌尖与上齿背接触或接近构成阻碍,共 3 个,包括 z、c、s。

(4)舌尖中音:舌尖与上齿龈接触构成阻碍,共 4 个,包括 d、t、n、l。

(5)舌尖后音:舌尖与硬腭前端接触或接近构成阻碍,共 4 个,包括 zh、ch、sh、r。

(6)舌面音:舌面前部与硬腭前部接触或接近构成阻碍,共 3 个,包括 j、q、x。

(7)舌根音:舌根与硬腭、软腭的交界处接触或接近构成阻碍,共 3 个,包括 g、k、h。

2.根据发音方法

(1)根据形成和消除阻碍的方法不同,普通话声母可分以下 5 类。

①塞音:发音时,构成阻碍的两个部位紧紧闭拢,先阻住气流通路,然后气流冲破阻碍,爆破成声,共 6 个,包括 b、p、d、t、g、k。

②擦音:发音时,构成阻碍的两个部位接近,不完全闭拢,中间留有缝隙,气流从缝隙中摩擦而发出声音,共 6 个,包括 f、h、x、sh、s、r。

③塞擦音:发音时,构成阻碍的两个部位先完全闭拢,气流冲开一条缝隙,然后从这条缝隙中挤出,摩擦成声,共 6 个,包括 j、q、z、c、zh、ch。

④鼻音:发音时,口腔当中构成阻碍的部分完全闭合,软腭下降,打开鼻腔通路,气流振动声带,从鼻腔流出,形成鼻音,共 2 个,包括 m、n。

⑤边音:发音时,软腭上升,阻住鼻腔通路,舌尖抵住上齿龈,但舌头两边留有空隙,气流振动声带,气流从两边的空隙出来,只有 l。

(2)根据气流的强弱,普通话声母中的塞音和塞擦音可分为送气音和不送气音 2 类。

①不送气音:发音时,呼出的气流较弱,共 6 个,包括 b、d、g、z、zh、j。

②送气音:发音时,呼出的气流较强,共 6 个,包括 p、t、k、c、ch、q。

(3)根据声带是否振动,普通话声母可分为清音和浊音 2 类。

①清音:发音时,声带不振动,普通话 21 个辅音声母中,绝大多数是清音,共 17 个,包括 b、p、f、d、t、g、k、h、j、q、x、zh、ch、sh、z、c、s。

②浊音:发音时,声带振动,浊音共 4 个,包括 m、n、l、r。

普通话声母发音要领如表 2-1 所示。

表 2-1 普通话声母发音要领

发音方法 发音部位	塞音		塞擦音		擦音		鼻音
	清音		清音		清音	浊音	浊音
	不送气音	送气音	不送气音	送气音			
双唇音	b	p					m
唇齿音					f		
舌尖中音	d	t					n
舌根音	g	k			h		
舌面音			j	q	x		
舌尖前音	z	c			s		
舌尖后音			zh	ch	sh	r	

三、声母的发音

1. 双唇音 b、p、m

b

[发音要领]

发音时,双唇闭拢,软腭挺起,关闭鼻腔通道,声带不振动,让较弱的气流突然冲开双唇的阻碍成声。

[词语练习]

步兵 颁布 奔波 冰雹 卑鄙 北边 报表 宝贝 褒贬 标本 辨别

p

[发音要领]

发音方法与 b 相近,不同的是发 p 时有一股较强的气流冲开双唇。

[词语练习]

乒乓 拼盘 品评 评判 澎湃 偏旁 批评 噼啪 排炮 匹配 琵琶

m

[发音要领]

发音时,双唇闭拢,软腭下降,打开鼻腔通道,气流从鼻腔出来,同时振动声带。

[词语练习]

秘密　埋没　美满　明媚　买卖　盲目　麻木　满目　面貌　迷茫　牧民

2. 唇齿音 f

f

[发音要领]

发音时,下唇向上齿靠拢,形成间隙,软腭上升,关闭鼻腔通道,声带不振动,气流从唇齿之间的间隙摩擦通过成声。

[词语练习]

丰富　发奋　方法　肺腑　仿佛　纷飞　福分　反复　防范　非凡　伏法

3. 舌尖前音 z、c、s

z

[发音要领]

发音时,舌尖向上轻轻抵住上齿背,软腭上升,关闭鼻腔通道,声带不振动,让较弱的气流冲开阻碍形成间隙,气流从间隙中摩擦成声。

[词语练习]

自尊　总则　罪责　走卒　祖宗　做作　宗族　再造　最早　在座　自在

c

[发音要领]

发音方法与 z 相近,不同的是用较强的气流冲破阻碍。

[词语练习]

猜测　粗糙　措辞　催促　参差　层次　仓促　摧残　苍翠　曹操　草丛

s

[发音要领]

发音时,舌尖接近上齿背,形成间隙,软腭上升,关闭鼻腔通道,声带不振动,气流从间隙中摩擦成声。

[词语练习]

松散　琐碎　诉讼　色素　思索　三思　搜索　缫丝　酸涩　洒扫　四散

4. 舌尖中音 d、t、n、l

d

[发音要领]

发音时,舌尖抵住上齿龈,软腭上升,关闭鼻腔通道,声带不振动,较弱的气流冲破舌尖和上齿龈的阻碍成声。

[词语练习]

导弹　等待　道德　单调　顶点　达到　颠倒　典当　淡定　动荡　电灯

t

[发音要领]

发音方法与 d 相近,不同的是用较强的气流冲破阻碍。

[词语练习]

贪图　探讨　吞吐　厅堂　团体　梯田　听筒　图腾　淘汰　疼痛　探讨

n

[发音要领]

发音时,舌尖抵住上齿龈,软腭下降,打开鼻腔通道,气流从鼻腔出来,同时振动声带。

[词语练习]

牛奶　泥泞　农奴　男女　南宁　扭捏　恼怒　能耐　呢喃　袅娜　拿捏

l

[发音要领]

发音时,舌尖抵住上齿龈后部,软腭上升,关闭鼻腔通道,声带振动,气流从舌头两边通过。

[词语练习]

嘹亮　冷落　力量　理论　罗列　拉拢　留恋　玲珑　联络　料理　流量

5. 舌尖后音 zh、ch、sh、r

zh

[发音要领]

发音时,舌尖向上抵住硬腭前端成阻,软腭上升,关闭鼻腔通道,声带不振动,让较弱的气流冲破阻碍,从间隙中摩擦成声。

[词语练习]

政治　忠贞　住宅　庄重　周转　追逐　主张　茁壮　战争　斟酌　专著

ch

[发音要领]

发音方法与 zh 相近,不同的是从间隙里呼出的气流较强。

[词语练习]

穿插　车床　充斥　长城　春潮　驰骋　踌躇　惩处　惆怅　橱窗　传承

sh

[发音要领]

发音时,舌尖向上翘起,舌尖向上接近硬腭前端成阻,留出间隙,软腭上升,关闭鼻腔通道,声带不振动,气流冲破阻碍,从间隙中摩擦成声。

[词语练习]

杀伤　山水　赏识　少数　神圣　手术　闪烁　射手　史诗　事实　商厦

r

[发音要领]

发音方法与 sh 相近,不同的是声带振动。

[词语练习]

柔韧　仍然　忍让　软弱　荣辱　容忍　荏苒　濡染　闰日　融入　荣任

6. 舌面音 j、q、x

j

[发音要领]

发音时,舌面前部先抵住硬腭前部成阻,软腭上升,关闭鼻腔通道,声带不振动,然后把舌面放松一点儿,舌面前部离开硬腭前部形成间隙,气流从间隙中摩擦成声。

[词语练习]

阶级　季节　嘉奖　坚决　积极　经济　焦急　境界　寄居　机警　简洁

q

[发音要领]

发音方法与 j 相近,不同的是发 q 时通过的气流较强。

［词语练习］

亲切　恰巧　崎岖　秋千　请求　强权　情趣　齐全　前期　鹊桥　蹊跷

x

［发音要领］

发音时，舌面前部抬起，接近硬腭前部，形成间隙，软腭上升，关闭鼻腔通道，声带不振动，让气流从间隙中摩擦成声。

［词语练习］

虚心　形象　下乡　学习　闲暇　新鲜　休息　纤细　唏嘘　遐想　行星

7. 舌根音 g、k、h

g

［发音要领］

发音时，舌根隆起抵住硬腭和软腭交界处成阻，软腭上升，关闭鼻腔通道，声带不振动，较弱的气流冲破阻碍成声。

［词语练习］

改革　巩固　骨干　桂冠　瓜葛　灌溉　光顾　尴尬　感官　国歌　故宫

k

［发音要领］

发音方法与 g 相近，不同之处在于用较强的气流冲破阻碍。

［词语练习］

困苦　宽阔　可靠　克扣　慷慨　坎坷　苛刻　开垦　刊刻　刻苦　空壳

h

［发音要领］

发音时，舌根隆起接近硬腭和软腭交界处成阻，形成间隙，软腭上升，关闭鼻腔通道，声带不振动，让气流从间隙摩擦通过成声。

［词语练习］

欢呼　辉煌　航海　花卉　黄河　怀恨　憨厚　辉煌　洪湖　呵护　划痕

第三节 韵 母

一、韵母概说

韵母是汉字音节中声母后面的部分。韵母主要由元音构成,有些韵母由元音和鼻辅音构成。能够构成韵母的鼻辅音只有 n、ng 2 个,并且只作为韵尾出现。

韵母可以分成 3 个部分,即韵头、韵腹和韵尾,也分别叫作介音(头音)、主要元音和尾音。构成韵母的元音中开口度最大、声音最响亮的那个元音叫韵腹,韵腹前面的元音是韵头,韵腹后面的元音或辅音是韵尾。一个韵母可以没有韵头或韵尾,但是不能没有韵腹。普通话共有 39 个韵母。

二、韵母的分类

1. 根据韵母的结构

(1)单韵母:由一个元音音素构成的韵母,共 10 个,包括 a、o、e、ê、i、u、ü、-i(前)、-i(后)、er。

(2)复韵母:由 2 个或 3 个元音组成的韵母,共 13 个,包括 ai、ei、ao、ou、ia、ie、ua、uo、üe、iao、iou、uai、uei。

(3)鼻韵母:元音音素后面附带一个鼻辅音作为韵尾的韵母,共 16 个,包括 an、en、in、ün、ian、uan、üan、uen、ang、eng、ing、ong、iang、uang、ueng、iong。

2. 根据韵母开头元音的发音口形

(1)开口呼:韵母不是 i、u、ü,或不以 i、u、ü 开头的韵母,有 15 个,包括 a、o、e、ai、ei、ao、ou、an、en、ang、eng、ê、-i(前)、-i(后)、er。

(2)齐齿呼:韵母是 i 和以 i 为韵头的韵母,有 9 个,包括 i、ia、ie、iao、iou、ian、in、iang、ing。

(3)合口呼:韵母是 u 和以 u 为韵头的韵母,有 10 个,包括 u、ua、uo、uai、uei、uan、uen、uang、ueng、ong(ong 中的 o 在发音时更接近 u,所以将其归入合口呼)。

(4) 撮口呼：韵母是 ü 和以 ü 为韵头的韵母，有 5 个，包括 ü、üe、üan、ün、iong(iong 的发音带有圆唇动作，唇形与 ü 开头的韵母没有太大的差别，所以将其归入撮口呼)。

三、单元音韵母的发音

1. 舌面单元音韵母 a、o、e、ê、i、u、ü

a

[发音要领]

口腔自然打开，舌体自然放平，舌尖接触下齿龈，舌面中部偏后微微隆起，双唇展开。发音时，声带振动，软腭上升，关闭鼻腔通路。

[词语练习]

打靶　大厦　沙发　刹那　砝码　打岔　拉萨　啪嗒

o

[发音要领]

口腔半闭，唇自然拢圆，舌体后缩，舌面后部略隆起与软腭相对，舌面两边微卷，舌面中部稍凹，舌位后半高。发音时，声带振动，软腭上升，关闭鼻腔通路。

[词语练习]

伯伯　婆婆　泼墨　默默　窝窝　馍馍　磨破　脉脉

e

[发音要领]

口腔半闭，展唇，舌头后缩，舌面后部隆起与软腭相对，舌面两边微卷，舌面中部稍凹，舌位后半高。发音时，声带振动，软腭上升，关闭鼻腔通路。

[词语练习]

隔阂　合格　社科　客车　特色　折射　苛刻　割舍

ê

[发音要领]

口腔半开，展唇，舌尖微触下齿背，舌面前部隆起和硬腭相对。发音时，声带振动,软腭上升,关闭鼻腔通路。

在普通话中,ê 除了用于语气词"欸"外,一般不单用。ê 不与任何辅音声母相拼,只出现在复韵母 ie、üe 中,并在书写时省去上面的附加符号"＾"。

i

[发音要领]

口腔微开,唇扁平,嘴角向两边展开,上下齿相对,舌尖接触下齿背,舌面前部隆起和硬腭前部相对。发音时,声带振动,软腭上升,关闭鼻腔通路。

[词语练习]

笔记　地契　霹雳　洗涤　鄙弃　细腻　习题　厘米

u

[发音要领]

口腔微开,双唇收拢成圆唇,稍向前突,舌头后缩,舌面后部高度隆起和软腭相对。发音时,声带振动,软腭上升,关闭鼻腔通路。

[词语练习]

补助　督促　辜负　瀑布　图谱　出租　数目　鼓舞

ü

[发音要领]

口腔微开,双唇撮成扁圆,略微向前突,舌尖抵下齿背,舌面前部隆起与硬腭前部相对。发音时,声带振动,软腭上升,关闭鼻腔通路。

[词语练习]

聚居　序曲　区域　雨具　旅居　豫剧　吕剧　曲率

2. 舌尖单元音韵母-i(前)、-i(后)

-i(前)

[发音要领]

口腔微开,嘴角向两边展开,舌尖和上齿背相对,保持适当距离。发音时,声带振动,软腭上升,关闭鼻腔通路。此韵母只出现在声母 z、c、s 的后面。

[词语练习]

自私　字词　此次　赐死　自此　刺字　次子　孜孜

-i(后)

[发音要领]

口腔微开,嘴角向两边展开,舌前端抬起和硬腭前部相对,保持适当距离。发音时,声带振动,软腭上升,关闭鼻腔通路。此韵母只出现在声母 zh、ch、sh、r 的后面。

[词语练习]

实施　知识　食指　制止　事实　日食　指示　史诗

3.卷舌单元音韵母 er

er

[发音要领]

口腔自然打开,舌位不前不后、不高不低,舌前部上抬,舌尖向后卷向硬腭,但不接触。发音时,声带振动,软腭上升,关闭鼻腔通路。

[词语练习]

儿歌　耳朵　儿时　而立　尔雅　儿男　二审　儿戏

四、复韵母的发音特点

发单韵母时,唇形、舌位基本固定不变,声音的响点也基本固定在一个位置上。而发复韵母时,要从第一个音素向第二个音素或者再向第三个音素的位置变化移动,声音的响点也随之变化移动。例如,想念、中央、宽容、荒原、凤凰等。

第四节　声　调

一、声调概说

1.声调的概念

声调就是一个音节声音高低升降的变化。一个汉字就是一个音节,所以,声调也称为字调。

2. 声调的特征

声调主要取决于音高。声调的音高是相对的,但又不是随意变化的。所谓相对,是说不同人群的声调有所不同,如女性、儿童音高比男性、老人高一些。就是同一个人情绪和身体情况的变化,也会导致音高发生变化。人声的声调与音乐是不同的。音乐中音阶的高低是绝对的、不变的,如降 B 调、降 E 调。

声调的高低、升降是逐渐滑动的。这种滑动与重音、情感有关,但保持原声调的调值是基本的,滑动中的调值变化是有限的。

二、声调的调类与调值

1. 调类

调类指对声调的分类。普通话声调可以分为 4 个调类,分别是阴平、阳平、上声和去声。

2. 调值

调值指声调高低、升降、曲直的变化,也就是声调的实际读法。调值通常采用五度标记法记录。用一条竖线坐标表示声音的高低,由下至上表示声音由低到高,分为五度:低、半低、中、半高、高,分别用 1、2、3、4、5 来表示(如图 2-1 所示)。

图 2-1　普通话声调五度标记法

这种声调标记法对初学者克服声调不到位的问题很有必要。但实际的声调调值不完全是这样,图 2-2 所示为录声仪对普通话声调调值所做的记录。

图 2-2 普通话声调调值

从美学角度看,直线表示刚劲,曲线表示柔和,波状线表示轻快流畅。以曲线为主,辅以直线的声调,能较好地体现普通话语音特色,形成清晰、舒展、优美、刚柔相济的语音。

三、声调发音要领与发音变化

1. 声调发音要领

(1) 阴平

阴平,高平调,调值为55。发音保持高而平直,起止音高都是5度,没有明显的升降变化,实际的发音起音之后略升高一点,末尾稍有一点降的趋势。全调时值比上声、阳平略短,比去声稍长。

(2) 阳平

阳平,高升调,调值为35。发音起音由中高音3度逐渐上升到高音5度。全调时值比阴平、去声稍长,比上声略短。

(3) 上声

上声,降升调,调值为214。上声是四声中唯一有明显变化的声调,先降后升,发音时半低起调:先由2度下降到1度稍做停留,然后上升到半高音4度,到最后变成一种升高趋势。全调时值在4个声调中最长。

(4) 去声

去声,全降调,调值为51。发音时由最高的5度迅速降到最低的1度,干脆而不拖沓。全调时值在4个声调中最短。

声调发音要领如表2-2所示。

表 2-2　声调发音要领

声调	声带	气息	例子
阴平	高平	紧→紧	多(稳劲充足)	威
阳平	高升	稍紧→紧	少→多(向上推进)	维
上声	降升	稍紧→松→紧	稍多→少→多(沉下扬起)	伟
去声	全降	紧→松	多→少(一吐而快)	为

2. 声调发音变化

要使字有神,就要在播读声调时,使声、情、气和调值的高低、长短、轻柔有轻微的变化。这种变化使字由"死"变"活"、由"静"变"动"。

(1)声调的变化受前后字调的影响,两字相连,第一个字的声调不如第二个字声调充分。

(2)声调在语言流动过程中,调值或延长或缩短。

例如,改造的"改",调值由 214 变成 212;"美妙的歌声","歌"的高平调值缩短,"声"的高平调值延长;"味道好极了","道"的声调调值缩短,"极"的声调调值延长。

(3)在保持原声调的基础上,声调服从语调变化的需要。

例如,"他受了点轻伤"和"轻伤不下火线"中,"伤"是高平调,但这两个句子中"伤"的声调并不相同。前一个"伤"字声调的调值比后一个"伤"字声调的调值低。

[字词练习]

阴阴	播音	参加	中央	西安	攻关	开发	歌声	插秧	东风
阴阳	新华	光明	关怀	阿姨	高炉	发达	装潢	江南	英雄
阴上	宣讲	思想	哄抢	编导	争取	沧海	装满	青草	师长
阴去	庄重	供应	充分	丰盛	勘探	机械	车票	功课	枪炮
阳阴	国家	联欢	长征	农村	南方	人参	菊花	爬山	崎岖
阳阳	楼房	繁华	白云	团结	联合	人民	离别	直达	原则
阳上	肥美	疗养	牛奶	民主	遥远	平等	华北	泉水	难免
阳去	责任	结业	图画	情愿	愉快	牢靠	澎湃	嘹亮	淘汰
上阴	老师	起居	体贴	早餐	指标	广播	统一	纺织	转播
上阳	厂房	表决	彩霞	礼堂	指南	迥然	改革	取材	组合

上上	感染	检点	爽朗	抖擞	展览	允许	抢险	表演	雨伞
上去	美丽	宠物	等待	友爱	感动	想象	喜鹊	品位	伟大
去阴	贯穿	内因	第一	认真	贵宾	相机	外观	蜜蜂	矿山
去阳	价值	向前	赤诚	自然	电台	调查	会谈	运河	幸福
去上	夜晚	序曲	刻苦	药品	记载	自给	地理	运转	外语
去去	电视	状况	训练	认错	庆幸	命令	账目	会议	号召

第五节 语流音变

在语流中,由于受到相邻音节的相邻音素的影响,一些音节中的声母、韵母和声调会发生语音的变化,称为语流音变。通常所说的变调、轻声、儿化等都属于语流音变。

一、词的轻重格式

在普通话和各地方言中,双音节或多音节词的各个音节会有约定俗成的轻重强弱的差别,这就是词的轻重格式。短而弱的音节称为轻,长而强的音节称为重,介于二者之间的称为中。正确处理词的轻重格式,是普通话规范标准的表现。在实际应用中,有时出于表达的需要或者受到语句的制约,词原有的轻重格式可能会被打破。

1.双音节词

(1)中重

老师　起居　体贴　早餐　指标　广播　统一　纺织
厂房　表决　彩霞　礼堂　指南　迥然　改革　取材
感染　检点　爽朗　抖擞　展览　允许　抢险　表演
响亮　想象　履历　准确　小麦　铁路　损坏　法制

(2)重中

传统　触觉　记者　视力　风气　春天　人口　标准
突然　含蓄　事业　要求　素淡　工人　节目　爱戴

动作　设备　况且　干部　错误　作家　堕落　浪漫
颤动　脉络　现象　变化　情感　素材　价值　干净
(3) 重轻
母亲　父亲　灯笼　姑娘　露水　疏忽　石头　喇叭
朋友　学问　西边　痛快　裁缝　棉花　瞧着　家里
下面　外边　听听　试试　走走　葡萄　玻璃　暖和
漂亮　锁头　房子　晚上　唾沫　财主　云彩　外头

2. 三音节词

(1) 中轻重
展览馆　葡萄酒　摩托车　看不起　不得了　来不及
小字辈　红领巾　扑克牌　看得见　好得很　听不见
(2) 中重轻
命根子　火筷子　一下子　小伙子　老大爷　硬骨头
小妹妹　枪杆子　没关系　一路上　牛脾气　老伙计
(3) 中中重
办公室　图书馆　播音员　无线电　电视剧　赞美诗
哈尔滨　内蒙古　石家庄　北戴河　佳木斯　海南岛

3. 四音节词

(1) 中轻中重
兵强马壮　山穷水尽　千锤百炼　心直口快　山盟海誓
逆水行舟　妙手回春　热火朝天　调虎离山　奋起直追
(2) 中重中重
安居乐业　张灯结彩　四通八达　半斤八两　耳濡目染
国泰民安　轻歌曼舞　翻江倒海　心猿意马　开源节流
(3) 重中中重
木已成舟　敬而远之　多此一举　相形之下　大海捞针
背水一战　安之若素　百无一失　面如土灰　寄人篱下

二、儿化

儿化是语流音变的一种脱落现象，er 作为词缀在其他音节的后面，表示前面音节的韵母在发音时，加上一个卷舌动作成为卷舌韵母，这就是儿化韵。儿化不是一个独立的音节。

1. 儿化的作用

(1) 区别词义

头（脑袋）——头儿（领头儿人）　　信（信件）——信儿（口信）

(2) 区别同音词

邮票——油票儿　　拉练——拉链儿

(3) 区别词性

尖（形容词）—尖儿（名词）　　盖（动词）—盖儿（名词）

(4) 表示细小或可爱

药片儿　肉丝儿　饭勺儿　零钱儿　脸蛋儿　鲜花儿　人缘儿　豆包儿

2. 儿化的发音要领

(1) 韵母或韵尾为 a、o、e、u，儿化时在韵母后加卷舌动作。

a—ar	刀把儿	小马儿	腊八儿	打杂儿
ia—iar	脚丫儿	掉价儿	豆芽儿	一下儿
ua—uar	牙刷儿	脑瓜儿	麻花儿	笑话儿
o—or	泡沫儿	歪脖儿	耳膜儿	土坡儿
uo—uor	饭桌儿	做活儿	小说儿	邮戳儿
ao—aor	红包儿	花猫儿	绝招儿	灯泡儿
iao—iaor	跑调儿	豆角儿	开窍儿	火苗儿
e—er	模特儿	打嗝儿	唱歌儿	唠嗑儿
u—ur	泪珠儿	没谱儿	有数儿	媳妇儿
ou—our	老头儿	纽扣儿	小丑儿	衣兜儿
iou—iour	抓阄儿	顶牛儿	加油儿	石榴儿

(2)韵母为单元音 i、ü，儿化时韵母不变，加卷舌动作。

i—ier	玩意儿	针鼻儿	小鸡儿	封皮儿
ü—üer	小曲儿	痰盂儿	毛驴儿	有趣儿

(3)韵母或韵尾为 ê，或者韵母为舌尖元音 -i(前)、-i(后)，去掉 ê 和 -i，韵母变为央 e[ə]，加卷舌动作。

ie—ier	树叶儿	小鞋儿	台阶儿	锅贴儿
üe—üer	主角儿	正月儿	空缺儿	旦角儿
-i(前)—er	瓜子儿	写字儿	没词儿	挑刺儿
-i(后)—er	锯齿儿	果汁儿	记事儿	汤匙儿

(4)韵尾为 i、n(in、ün 除外)，儿化时去掉韵尾，在主要元音上加卷舌动作。

ai—ar	小孩儿	名牌儿	小菜儿	刘海儿
uai—uar	一块儿			
ei—er	宝贝儿	刀背儿	眼泪儿	抹黑儿
uei—uer	一会儿	耳垂儿	墨水儿	香味儿
an—ar	包干儿	门槛儿	老伴儿	旗杆儿
ian—iar	一点儿	小辫儿	牙签儿	琴弦儿
uan—uar	茶馆儿	拐弯儿	大腕儿	火罐儿
üan—üar	手绢儿	烟卷儿	汤圆儿	杂院儿
en—er	一阵儿	嗓门儿	大婶儿	鞋跟儿
uen—uer	打盹儿	一捆儿	砂轮儿	嘴唇儿

(5)韵母为 in、ün，儿化时去掉韵尾 n，在主要元音 i、ü 后加卷舌动作。

in—ier	有劲儿	送信儿	背心儿	脚印儿
ün—üer	合群儿	一群儿		

(6)韵尾为 ng 的韵母，先去掉韵尾 -ng，使主要元音鼻化，再加卷舌动作。

ang—ãr	肩膀儿	香肠儿	帮忙儿	瓜瓤儿
iang—iãr	花样儿	鼻梁儿	官腔儿	透亮儿
uang—uãr	眼光儿	蛋黄儿	天窗儿	打晃儿
eng—ẽr	脖颈儿	板凳儿	钢镚儿	田埂儿
ueng—uẽr	小瓮儿			
ing—iẽr	小名儿	电影儿	门铃儿	图钉儿

ong—õr　　果冻儿　　酒盅儿　　抽空儿　　胡同儿

iong—iõr　　小熊儿　　叫穷儿　　蚕蛹儿

3. 儿化运用的注意事项

(1)在儿化字的主要元音上做卷舌动作时,这个儿化字的声调不变。

(2)儿化韵的卷舌动作,一要灵活,二要适度。

(3)轻音一般不儿化。

(4)人名、地名、厂名等专有名词不儿化。

(5)表示深沉、凝重的词语一般不儿化。

(6)表示大的、重的、多的、坚固的词语一般不儿化。

(7)字面上没有标明儿化,但应儿化的,播读时要加上儿化韵。

百货食杂店儿

你别看这么个小门脸儿,

你别看屋子不大点儿,

你别看摆设不起眼儿,

这是我家开的百货食杂店儿。

有火柴儿,有烟卷儿,

有背心儿,有褥单儿,

有盆儿,有勺儿,也有碗儿,

针头线脑儿小玩意儿,

有豆芽儿,有蒜苗儿,

有菜花儿,有肉馅儿。

不用走多远儿,

小店就在家跟前儿。

三、轻声

1. 轻声的概念

普通话的每一个音节都有它的声调,可是在词或句子里,许多音节常常失去原来的声调而变成一个又轻又短的调子,这种音变现象叫轻声,又叫轻音。

它是语流音变中的弱化现象。

2.轻声的作用

(1)区别词义

东西(方向)——东西(物体)　　大意(大概)——大意(疏忽)

兄弟(兄和弟)——兄弟(弟弟)　　是非(正与错)——是非(矛盾)

(2)区别词性

买卖(动词)——买卖(名词)　　人家(名词)——人家(代词)

(3)表达细腻、贴切的思想感情

春天像小姑娘,花枝招展的,笑着,走着。

3.轻声的变读规律

(1)结构助词

除结构助词"所"(如"为人所笑")之外,其他所有助词(语气助词、结构助词、时态助词)都读轻声。

①语气助词:啊、吗、呀、呢、吧、哪、哇

②结构助词:的、地、得

③时态助词:着、了、过

(2)名词后缀

名词后缀例如"子、们、儿、头"等都读轻声。

桌子　房子　椅子　木头　码头　锁头　鸟儿　虫儿　花儿

(3)方位词

方位附着在其他词或词组后面,表示时间、处所时,一般读轻声。

外边　下面　外面　里面　屋里　地上　底下　门外　窗台上

(4)趋向动词

趋向动词经常用在其他动词或形容词的后面,作为这个动词或形容词的补语,一般读轻声。

进来　出去　下来　躲开　脱下来　拿过去　说下去　站起来　走进去

(5)一些名词或动词的重叠部分

爸爸　姐姐　妈妈　哥哥　奶奶　听听　瞧瞧　看看　走走

(6) 词和词之间的"一"和"不"

想一想 看一看 瞧一瞧 走一走 来不来 去不去 买不买 玩不玩 好不好

(7) 约数

三个来月　个把月

(8) 做宾语的人称代词

我请你　你别叫他　妈妈接我　去看他　想起你

(9) 常用双音词的第二个音节

麻烦　商量　窗户　奴才　明白　萝卜　吆喝　包袱

4. 轻声的发音要领

(1) 在阴平后面读半低调（2度）

称呼　包袱　巴掌　麻烦　朋友　玫瑰　窟窿　嘟囔

(2) 在阳平后面读中调（3度）

脾气　糊涂　馒头　咳嗽　狐狸　拾掇　琢磨　累赘

(3) 在去声后面读低调（1度）

丈夫　会计　报酬　设计　利索　废物　嫁妆　干事

(4) 在上声后面读半高调（4度）

椅子　斧子　早晨　喇叭　脊梁　马虎　使唤　铁匠

四、变调

2个音节连读，其中一个音节的调值变得与原有调值不同，称为变调。最常见的就是上声变调和"一""不"的变调。

1. 上声变调

(1) 上声在非上声（阴平、阳平、去声、轻声音节）前面变成半上，调值由214的全上变为半上声211。

上声+阴平　响声　简单　捕捉　倒戈　底薪　陡坡　广州　请缨
上声+阳平　取得　史实　等闲　属于　斐然　海豚　审题　水池
上声+去声　挑战　丑态　顶撞　耳郭　讽谏　哽咽　哄骗　取悦
上声+轻声　首饰　打听　管箩　补丁　掸子　抖搂　眨巴　铁匠

(2) 2 个上声相连,前一个上声调值由 214 变为接近 35。

古典 粉笔 礼品 美好 解码 警醒 冷眼 彩纸
举止 懒散 整理 撵走 婉转 祈祷 警犬 稳妥

(3) 3 个上声相连,末尾的上声不变调,开头、中间的上声音节变调,分为两种情况。

第一种情况叫"双单格"结构,即"2+1"结构,词组中前两个音节关系密切,这时开头、中间的上声音节变调为 35,最后一个音节维持原调 214。

脚底板 处理品 管理组 洗脸水 导火索 彩纸厂 展览馆

第二种情况叫"单双格"结构,即"1+2"结构,词组中后两个音节关系密切,这时开头音节读作"半上",调值为 211,中间的音节近似阳平,变调为 35,最后一个音节维持原调 214。

好小伙 很腐朽 老首长 吐口水 好想法 老保守 纸老虎

还有 4 个上声字相连,如"岂有此理",为"双双格",前两个音节和后两个音节关系紧密,"岂"和"此"变调为 35,"有"为 214(全上)。

2. "一、七、八、不"的变调

"一、七、八、不"这 4 个字单用读原调,但在语流中,因语言环境的不同,它们的声调会发生变化。"一、不"按规律变,"七、八"则少变或不变。

在过去的"七、八"变调要求中,"七、八"后是去声,将"七、八"变成近似阳平的音,如"七度、八度"。在实际运用中,感到不变为好,所以"七、八"基本读原调。

(1) "一、不"在去声前读阳平。

一个 一辆 一部 一路 一道 一半 一并 一定 一度 一律 一再
不变 不去 不干 不对 不换 不幸 不论 不愧 不再 不屑 不适

(2) "一"在阴平、阳平、上声前读去声,"不"读原调。

在阴平前:一般 一天 一生 一身 一心 一端 一厅
　　　　　不安 不光 不屈 不花 不公 不关 不羁
在阳平前:一行 一时 一连 一齐 一团 一条 一年
　　　　　不成 不凡 不良 不然 不行 不服 不敢
在上声前:一统 一体 一起 一早 一举 一草 一脸
　　　　　不美 不久 不朽 不许 不仅 不好 不法

(3)"一、不"在单用和句尾时读原调。

十一　单一　唯一　第一　我不　这不

(4)"一、不"在两个相同的动词或形容词之间读轻声。

瞧一瞧　看一看　问一问　试一试　好不好　美不美　玩不玩

五、语气词"啊"的音变

语气词"啊"单独或者作为叹词放在句首,应该发 a,但如果出现在句末用作语气助词,常会受到前面音节末尾音素的影响而产生音变。

(1)前面音节的韵母或韵母的尾音是 a、o(ao、iao 除外)、ê、e、i、ü 时,读成 ya。

老马啊　什么啊　汽车啊　大鱼啊　好多啊　哥哥啊　阿姨啊

(2)前面音节的韵母或韵母的尾音是 u(包括 ao、iao),读成 wa。

羊皮袄啊　牛仔裤啊　在哪住啊　到没到啊　这么多啊　要不要啊

(3)前面音节的韵母或韵母的尾音是 n、ng 时,一般加 a。

多好看哪　快开门啊　好好干啊　不行啊　注意听啊　可真凶啊　好漂亮啊

(4)前面的音素是-i(前)时,读成 za。

去一次啊　找死啊　别撕啊　第一次啊　高工资啊　四十四啊　在写字啊

(5)前面的音素是-i(后)时,读成 ra。

快织啊　快吃啊　不好使啊　这么迟啊　是不是啊　是事实啊　李同志啊

六、语音标准三要素:准、变、美

这里所说的"语音标准"是指读音标准。

1. 准

读准统读字音。统读字,就一个字音。例如,多、亚、卓、氖、召、灸、咄等。

读准多音字音。有的字有 2 个以上的读音,要读文中要求读的那个音。例如,"圈"有 3 个读音,"和"有 6 个读音(包括一个轻音,如"暖和")。

读准声调调值。例如,挥(55)、回(35)、悔(214)、惠(51)等。

读准声母,叼住字头。"声母出字儿,韵母出味儿",这个说法是有道理的。

读准语流音变应"变"的那个字。例如,美好、不去、导演等。

2. 变

主要指在说话或播音主持、朗诵时,由于感情或表意的需要而使语音的声调调值或明显或轻微地变化。这是因为如果都读本音,就会很死板,也不符合语言表达的规律性要求。这种"变"需要很好的"技巧"来表现。变,是在本音上的"变"。一般来说,句中出现的词情感较丰满,声调调值延长;句尾出现的词情感减弱,声调调值缩短。

3. 美

主要指语音美。语言表达过程中表现声音美、语音美、逻辑美、节奏美等,但最基本的是语音美。它是整个有声语言美的基础。例如,元音的响亮之美、鼻音的音韵之美。这在配音和朗诵时表现得尤为明显,如"蓝蓝的天空白云飘,白云下面马儿跑"。分析:"蓝蓝"(前鼻音,高升调),"的"(轻音),"天空"(前鼻音和后鼻音,高平调),"白云"(元音和前鼻音,高升调),"飘"(元音,高平调),"白云"(元音和前鼻音),"下面"(重轻格式),"马儿"(元音,降升和高升调),"跑"(元音,全上调)。连读起来,就能体会到元音的响亮之美和鼻音的音韵之美。当然,更能感受到诗句的情境之美。

综上所述,准、变、美之间的关系是:"准"是核心,"变"是灵魂,"美"是艺术。为什么"变"这么重要呢?因为"变"是由有声语言的流动性决定的,所有的语言技巧都是在"变"中实现的。当然,"变"本身也是技巧,是有规律的。

第三章　播音发声

第一节　播音发声基础

一、发声的生理基础

人体发声的简单过程是气息冲击声带,振动共鸣器官而发出声音。气息是发声的动力,声带是发声的声源,共鸣器官使声音扩大和美化。声音是人的生理器官活动的产物。换句话说,发声器官是发声的生理基础。人的发声器官可分为3大部分:呼吸器官、发音器官、调节器官。

1. 呼吸器官

(1)肺。肺是海绵状组织,其中空的是肺泡。吸气时,肺叶扩张,容量增大,气息吸入肺内;呼气时,肺叶收缩,容量减少,气息排出肺外。

(2)胸腔。胸腔的外面是胸廓,下面是膈肌,脊柱与胸骨之间连着弓形的肋骨,肋骨之间有肌肉相连。吸气时,肋骨向上向外扩张,胸腔扩大;呼气时,肋间肌肉放松,胸廓回缩。由于肺本身没有神经,所以肺的扩张与回缩是由胸腔的扩张与回缩决定的,也就是说,是由胸部肌肉的活动决定的。

(3)膈肌。位于肺的下部,在胸、腹之间。膈肌很有弹性,吸气时,膈肌向下,使胸腔扩大;呼气时,膈肌回到原来位置。

(4)腹肌。位于下肋和丹田之间。

胸肌、膈肌和腹肌的运动同时对呼吸产生控制作用。能使胸腔容量扩大的肌肉群称为吸气肌肉群,能使胸腔容量缩小的肌肉群称为呼气肌肉群。呼吸和呼吸控制就是在这两大肌肉群的协调、对抗运动中进行的(如图3-1所示)。

图3-1 呼吸器官示意图

2. 发音器官

(1)喉头。喉头上接咽腔,下连气管,由软骨组成匣状体,上部略呈三角形,下部呈圆形。前面比较突出的部分是喉结。声带一头附着在甲状软骨上,另一头附着在杓状软骨上。

(2)声带。声带是由肌肉组成的两片有弹性的薄膜。男性的声带较长、较厚,长度为20～22毫米;女性的声带较短、较薄,长度为15～19毫米。声带的长短、厚薄、松紧和声门的开闭都是可以变化的,因而发出的声音具有不同的音高、音强和音色。

3. 调节器官

(1)咽腔。在喉头上方,是一个肌肉管子,也叫咽管。咽管分为3段:软腭以上通鼻腔,为鼻咽;中段前通口腔,为口咽;下段连着喉腔,为喉咽。咽腔是气息的必由之路,是人体发声的重要的共鸣腔。

(2)口腔。包括唇、齿、齿龈、硬腭、软腭、小舌和舌。其中,唇、软腭、小舌和舌是活动部分。各部分的有机配合、协调运动,可以形成各种阻碍,发出各种不同的声音。

(3) 鼻腔。鼻腔是不可变共鸣腔,受软腭上下活动控制。

二、发声的物理基础

声音的物理性质即声音四要素:音高、音强、音长、音色。

1. 音高

音高指声音的高低,取决于声波的频率。频率的单位为赫兹(Hz),即声波每秒振动的次数。频率高,声音就高;频率低,声音就低。同时,声音的高低与声带的长短、厚薄、松紧有关。一般来说,发声体长、厚、松的,振动慢,频率低;发声体短、薄、紧的,振动快,频率高。男声的基频一般为 60～200 赫兹,所以说话时音高较低;女声的基频为 150～300 赫兹,所以说话时音高较高。

2. 音强

音强指声音的强弱,又叫音量,取决于声波的振幅。一定频率的声波,振幅大声音就强,振幅小声音就弱。

3. 音长

音长指声音的长度,取决于声带持续振动的时间。

4. 音色

音色指声音的品质、特色,又叫音品、音质。影响音色的因素很多,主要有 3 个方面:一是发音体不同,如两个人的声带不同,音色就不同;二是发音方式不同,音色也不同;三是共鸣器官形状不同,音色也不同。

第二节 气息控制

一、气息控制的原理

肺虽然是重要的呼吸器官,但它自身不会活动,是被动的器官,呼吸时完全要靠胸腔的扩大和缩小。吸气肌肉群收缩时,胸腔扩大,此时,胸腔内部的气压变得比体外的气压低,空气就会由口、鼻,经过呼吸通道进入肺泡,肺便扩大起来,这就是吸气。呼气肌肉群收缩,或吸气肌肉群自然放松,胸腔就会随之变小,肺里的空气就会经过呼吸通道挤压出来,这就是呼气。

气息控制就是呼吸控制,而呼吸控制实际上就是呼气控制。气息吸进去以后,不能一下子都呼出去,要根据需要调整呼出量,这就是气息控制。气息控制就是吸气肌肉群与呼气肌肉群的协调与对抗。应适当调节呼吸肌肉群的收张力,以控制气息的压力和流量,使气息得以控制,并收纵自如。

气息控制有 3 种。第一种是无控制的自然用气。生活中的自然用气无法适应播音需要,即使是接近生活的交谈式播音,播音员、主持人的气息也需要控制,但多采用弱控制。第二种用束紧喉头的方法控制气息,不仅会使声带疲劳,而且影响声音质量。播音中的尖、窄声,缺少弹性的声音,大多是播音员、主持人由于不会控制气息而靠压迫声带播音所致。第三种是正确的气息控制方法,由于呼气肌肉群的收缩力略大于吸气肌肉群向外的扩张力,使气息流出体外时受到控制(如图 3-2 所示)。

a. 无控制自然用气　　　b. 束紧喉头控制气息　　　c. 通过呼吸肌肉群的对抗控制气息

图 3-2　气息控制的 3 种方法

这里需要注意真声和假声。用真声时,声带整体振动,方向主要是横向、左右振动,因而声音比较轻松、自然、厚实、丰满。

假声是声乐、戏曲艺术发声的特殊要求,发出的是超高音。声带不是整体振动,而是边缘振动,方向主要是纵向、上下振动。声带不能紧密贴合而是有一条缝,随着假声的升高,声门裂隙也逐渐变短。假声听起来不自然,缺少弹性,比较尖、细,歌唱中的花腔女高音,京剧中的青衣、小生角色主要使用假声。播音时,以真声为主,但女声容易出现假声。而在动画片配音、播讲寓言故事时,需要时可用假声处理。

二、呼吸方法、吸气要领与气息控制感觉

1. 呼吸方法

(1) 胸式呼吸

胸式呼吸是一种浅呼吸，又称锁骨式呼吸，吸气时肩头上耸，上胸部上抬，肋骨下缘胸廓周围径基本不变，膈肌基本不参加呼吸运动。这种呼吸方法进气量小，呼气发声时气流较弱、强度及变化小，且难以控制，表现为浅吸频换，声音尖、高、飘、虚。播音发声时，会造成肩胸紧张、喉部负担重、易疲劳等问题。

(2) 腹式呼吸

腹式呼吸是一种深呼吸，吸气时腹部突出，胸廓周围径基本不变，主要靠膈肌升降完成呼吸运动。腹式呼吸具有进气量较大和声音深沉的优点，重、低、沉。但由于腹肌不能完全发挥作用，容易产生闷、暗、空的音色。

(3) 胸腹联合式呼吸

胸腹联合式呼吸是胸、腹所有呼吸器官都参与呼吸运动，不但扩大胸廓的周围径而且扩大胸廓的上下径。这种呼吸方法有 2 个优点。第一，进气量大。由于胸、腹所有呼吸器官都参与，增加了胸腔的容积，使气息容量增大。第二，易于控制。由于能够稳定地保持两肋、膈肌的张力和来自小腹的收缩力量所形成的均衡对抗，增强了呼吸的稳健感，易于产生坚实、响亮的音色。

2. 吸气要领

这里所说的吸气要领，是胸腹联合式呼吸法的吸气要领。

(1) 提神进气。吸气时要有一个良好的精神状态，有兴奋感，从容进气。

(2) 张开两肋。两肋向周围扩展，气向肺底走；两肩自然下垂，口鼻同时进气。

(3) 降下横膈。横膈下降，使胸腔扩大，气被吸到肺底。

(4) 收缩小腹。进气时，腹部肌肉向中心位置收缩。这个中心就是丹田。

"兴奋从容两肋开，不觉吸气气自来。"这是吸气的自然而又舒服的感觉。提神进气、张开两肋、降下横膈、收缩小腹，是一个连续动作，是在吸气时瞬间完成的。

3. 气息控制感觉

气息在涌流中,小腹有一种"拉住"的感觉。进气时,有一种"快感";呼气时,有一种"胀感"。

三、播音对气息控制的要求

(1)均匀:均匀呼气,气息向上运行时,丹田的控制力把它向下"拉住",使气息均匀地流出。

(2)稳劲:呼吸控制有力,呼吸肌肉群始终保持"对抗"的状态。训练时,多练习强控制,逐渐训练弱控制。

(3)持久:对气息有较长时间的控制能力,使气息始终处于均匀、稳劲的控制状态中。

(4)适度:吸气不要过满,呼气不要吐净,要留有余地,吸七分、留三分。

(5)无声:吸气快,口鼻同时进气,呼气没有喘气声。

(6)自如:不僵持、不憋气,与情感运动相协调。

(7)变化:在情感驱动下,进行多种气息的变化。

四、气息运用技巧

(1)换气:在停顿时间较长的地方,可以正常从容地换气,深吸气、多吸气,以满足发声表达和生理换气的需要。

(2)偷气(补气):在停顿时间较短的地方,或不应吸气,但因生理换气需要而必须吸气的地方,要少吸、快吸,一般用于词尾和完整的语句后快速进气。

(3)就气:在处理长句子或因情感需要而不便偷气的地方,使用体内余气,以使句子完整,同时可增强感情色彩。

(4)顿气:为了表情达意的需要,声音戛然而止,但气息仍处于保持状态,可以起到强调、烘托、渲染的作用。

(5)提气:为适应高强音的需要,使气息用力向上推进。

(6)推气:与提气相配合,或使气息有延伸感。

(7)收气:不需要充足的气息,特别是在句尾时,在句子说完之后再把多余的气吐出去。

五、呼吸训练

1. 呼吸肌的锻炼

气息控制能力的强弱与呼吸肌肉是否灵活、有力关系很大。在呼吸训练过程中,应重视腹肌、膈肌和胸肌的锻炼,使它们在气息控制过程中自如地发挥作用。例如,打球、跑步、做操、游泳、做仰卧起坐等,都可以锻炼腹肌。

2. 呼吸训练方法

(1)提神进气法。用闻花香等动作感觉,使气息沿后脊柱而下吸入肺底,后腰部有向两侧打开后撑住的感觉;保持几秒后,再缓缓呼出气体。

(2)无声抽泣法。用哭的动作感觉,活动膈肌。

(3)瞬间憋气法。体会呼吸肌肉群的对抗感觉。

(4)快慢呼吸法

①快吸慢呼:训练口鼻同时迅速进气的能力,并使气息均匀、稳劲地流出。

②快吸快呼:"金葫芦银葫芦,好汉一口气说不了三八二十四个葫芦。一个葫芦、二个葫芦、三个葫芦……"

(5)弹力发音法。发口令"一、二、一""一、二、一""一——二——三——四",训练腹肌、膈肌的弹力。

(6)强音推进法。高音、强音推进,呼喊"赐予我力——量——吧!我是希——瑞!"长音推进,高音延伸,呼喊"迎——山——倒——""阿——毛——"。

(7)弱音推进法。弱音延长、推进,呼喊"安——娜——""孔——雀——牌——电——视——机"。

(8)绕音旋转法。a音、i音向上绕,向下绕。应做到"先撮后绕",使唇始终保持撮起的状态;同时,动作幅度要尽量大。

(9)音阶升降法。体会发声与呼吸的配合,体会音高气稳和音低气足的感觉。

(10)综合训练法。选择诗歌、散文等材料,进行多种气息控制训练。

第三节　口腔控制

戏曲艺术、声乐艺术都十分重视吐字归音。"曲有三绝,字清为一绝""字若不真,曲调虽和,而动人不易""千斤道白四两唱",都说明吐字归音在戏曲艺术中的重要地位。"字真"更是播音发声的艺术特点。要在"字真"的基础上,讲究音美。

一、咬字状态

1. 集中唇舌

唇的力量要集中到唇的内缘中央三分之一处。舌的力量集中,在发音过程中舌体要取收势,力量要集中在舌的前后中纵线上。唇舌不集中,声音就会涣散、缺乏力度,字音含混不清。

2. 提起颧肌

颧肌提起时,口腔前部、上腭顶部有展宽的感觉,鼻孔略微张大;同时,唇尤其是上唇展开、贴住上齿,使唇的运动有了依托。

3. 打开牙关

上下颌之间的关节俗称牙关,打开牙关是抬起上腭中部的动作。张口时槽牙上提,类似于半打呵欠;闭口时上门齿下扣,类似于啃苹果。牙关打开,口腔内部空间加大,有利于舌体运动和口腔共鸣。

4. 挺起软腭

软腭在上腭后部,用舌尖抵硬腭后探会感觉到它的具体位置。不说话时,软腭松软下垂。发音时,软腭上挺,一方面加大口腔后部空间,改善音色;另一方面缩小鼻咽入口,避免气息大量进入鼻腔造成过重的鼻音。

5. 放松下颌

在打开口腔的前三个要领中,都要求加强肌肉的力量与控制训练,只有松下巴不需要训练力度,只需要放松即可完成。

二、吐字归音

1. 吐字归音的基本要求

(1) 准确

准确指字音准确、规范,即"字正",是对播音发声的基本要求。准确主要包括发音部位准确、发音方法正确,同时还强调在生活中人们发音时不太注意的细微区别。比如,发"z、c、s"时易出现的"嘶嘶"的杂音、发"j、q、x"时易出现的尖音等,都会影响发音的准确性。准确就是要求新闻主播和节目主持人在符合语音规范的前提下,发音比一般人更完美、更悦耳。

(2) 清晰

清晰指字音清晰,主要指发音过程中唇舌力度、舌位变化等方面的要求。比如,声母"h",发音部位在舌根,发音方法为清擦音,发音时舌根接近软腭,气流冲击舌根和软腭的接近处形成擦音。

(3) 圆润

圆润指有较为丰富的共鸣,即"腔圆",是对播音发声的审美要求。"吐字如珠"是对吐字圆润的形象比喻。圆润的对立面是扁涩。吐字扁而干涩,不饱满、不悦耳,缺乏美感,不易吸引受众。要获得圆润的声音,应在把握韵母发音的舌位动程、调整口腔腔体、运用共鸣器官上下功夫。

(4) 集中

集中的声音易于入耳,易吸引受众的注意。话筒吸收声能是有方向性的,如果声束集中,用较小的力气就能收到出人意料的效果。

(5) 流畅

吐字必须轻快流畅,语流顺畅无阻,不能"蹦字",也不能把字咬得太死。吐字训练中,常把音节拆分成单个音素进行训练,目的是修正、解决发音问题。在实际运用中,拆分的音素、音节、字词、短语,都要在语流中连接起来。发音时既不生硬、囫囵吞枣,又要如珠如流。

2. 出字、立字与归音

(1) 出字——要叼住弹出(对字头的处理)

字头是一字之头。对字头的处理直接影响整个音节。咬字无力,有声无字;咬字过狠,字拙而滞。字头有阻气、蓄气的作用。字头阻气有力,气息才能在成阻部位形成一定压力,所以有"字头取气"之说。"字正腔圆"的"字正",首先要靠字头部位发音的准确。

出字的两个阶段是"叼住"和"弹出"。"叼住"指声母的成阻和持阻阶段,也叫咬字阶段。要做到:①咬字要有一定力度,阻气有力;②力量要集中在相应部位的中纵部,而不是满口用力;③唇形要合适,特别是齐、合、撮三呼;④"叼"要有巧劲,不能过紧或过松。

"弹出"指声母的除阻阶段,也叫吐字阶段。吐字要轻捷而有力,像弹出的弹丸,不粘不滞、不拖泥带水;同时,还要有回收力。

只有"叼住",才能"弹出","叼住"是为"弹出"做准备。

(2)立字——要拉开立起(对字腹的处理)

对字腹的处理影响到字音的圆润、饱满。字是随着字腹的拉开而在口腔中立起来的,因而称为"立字"。

在字头弹出后,口腔拉开到适当的开度,感觉字音随上腭的提起而立起来。在牙关打开的前提下,这个开度略大于生活语言的字腹开度,以取得清晰的音色和丰富的泛音共鸣。结合声束向硬腭前部的流动冲击,这时就有了字音"挂于上腭"的感觉。

(3)归音——要到位弱收(对字尾的处理)

字尾处于口腔由开渐闭阶段,如果字音收尾不到位,音节与音节的区分就会受到影响。归音是肌肉由紧渐松的阶段,因此字尾的处理要到位弱收。

在吐字归音方面,最容易出现的毛病就是归音不到位,出现"半截字",听起来不完整。从语音上分析,每一次肌肉紧张度的增而复减,就形成一个音节。声母的紧张是突然增强的,音节中紧张的最高点叫音峰,它总是落在主要元音上,紧张逐渐减弱的最低点叫音谷,字尾正是处在紧张度下降的阶段上。如果在发音时只注意声音的响亮,有了声母的"力"度和韵母的"立"度,但不注意音节的完整,就很容易把这个正处于衰落阶段的字尾忽略掉,成了"半截字"。特别是撮口音,如歌曲、母女、体育、选举、伴侣等。

从以上出字(叼住弹出)、立字(拉开立起)、归音(到位弱收)的吐字归音特点,不难看出,它是一个枣核形(如图3-3所示)。

图 3-3 枣核形图

播音发声的基本要求:准确规范、清晰流畅、圆润集中、朴实明朗、刚柔并济、虚实结合、色彩丰富、变化自如。

第四节 共鸣控制

一、共鸣器官

人的声道是一个呈直角的弯管。喉以下是气管和肺;喉以上是咽腔;与直管水平的部分,下面是口腔,上面是鼻腔,中间以硬腭、软腭隔开。软腭可上下活动,影响口腔和鼻腔共鸣。

可以把声道比作一个由管子、阀门和腔体组成的空气装置。用声时,类似风箱的肺被挤压,气流通过气管进入喉部,喉起活塞的作用,又起阀门的作用。咽腔、口腔、鼻腔3个腔体,由舌、软腭和唇3道阀门控制,使3个腔体连通或隔开,并使腔体形状和大小发生变化,产生不同的声音变化。

二、共鸣器官的作用

1. 喉腔共鸣

喉腔指位于声带与假声带之间的喉室及位于假声带之上的喉部前庭。喉腔是共鸣腔体中腔内空间最小的,但喉腔是喉原音形成后经过的第一个共鸣腔。它的状况直接影响声音的质量。喉头可在一定幅度内上下运动。升高时声道缩短,有利于高频泛音共鸣;下降时声道拉长,有利于低频泛音共鸣。播音发声时要求喉部放松、相对稳定,以保证喉原音的质量。

2. 咽腔共鸣

咽腔咽管,包括喉咽、口咽、鼻咽3个部分。咽腔容积较大,管体较长,口腔、喉腔相通,是声波必经的管道和三岔路口。咽腔对声音的扩大起主要作用,是重要的可调节共鸣腔体。在播音发声中,要保证咽管的通畅,咽后壁直而不弯,并保持一定的坚韧度;同时,抬起软腭以保证口咽弯道通畅,降低舌根以保证声波顺利流向口腔。

3. 口腔共鸣

口腔是变化最灵活的一个共鸣腔体。口腔共鸣又称中音共鸣、中部共鸣,主要通过唇、齿、软腭的变化来调节。播音发声以口腔共鸣为主,其他腔体共鸣必须在口腔共鸣的基础上获得。口腔既是共鸣器官又具有咬字器官的功能,应结合吐字运用口腔共鸣,做到"提颧肌、打牙关、挺软腭、松下巴",声挂前腭。

4. 鼻腔共鸣

鼻腔属于上部共鸣腔体,也是容积较大、不可调节的固定腔体。播音发声时,依靠软腭的挺与垂来改变鼻腔的共鸣状况。如果鼻音过重,则需要挺软腭,减少气流进入鼻腔。鼻腔共鸣的获得一方面是通过气流进入鼻腔,另一方面是声波冲击口腔硬腭,由骨传导而产生的鼻腔共鸣。鼻腔共鸣具有较强的修饰色彩,适量使用可以使声音明亮、有光泽。

5. 胸腔共鸣

胸腔容积大,低频共鸣明显。胸腔共鸣又称低音共鸣、下部共鸣,不参与语音的制造,是一个纯粹的"美声区"。播音发声时要求两肋打开,在腹壁站定时能自由开合。随着声音由低到高,振感集中点由胸骨的下缘上移至喉的下方。胸腔共鸣能使音量增加,声音听起来洪亮、浑厚、有力。

6. 头腔共鸣

头腔共鸣主要靠额窦、蝶窦、上额窦和筛窦,它们与鼻腔相通。由于窦内充有空气,可以起共鸣作用。头腔共鸣属于高音共鸣,播音发声一般不用高音共鸣。

三、播音共鸣的特点

播音以口腔共鸣为主,以胸腔共鸣为基础。播音发声要求在字音清晰的条件下,美化声音,要求声音朴实、大方、自然。共鸣应服从内容、吐字的需要。

因此,播音发声的共鸣特点可以概括为以口腔共鸣为主、以胸腔共鸣为基础。发高音时,会有鼻腔共鸣、头腔共鸣。

第五节 声音弹性

声音弹性指声音的可变性、伸缩性和柔韧性,是声音在语言表达过程中对思想感情的适应能力。

一、情感、气息、共鸣与声音的相互作用

1. 声音对感情变化的适应力

声音弹性要在感情变化中体现出来。表达高昂的情感,声音应是高强的,但不是生硬僵直的;表达沉缓的情感,声音应是轻柔的,但不是软弱无力的。声音要跟得上情感的变化,字字入耳、清晰可辨,而不是囫囵吞枣、含混不清,"情不够,声来凑",出现声、情"两层皮"的毛病。缺少感情的依托,声音就没有神韵。因此,应该"以情带声"、"以声传情"、"声情并茂"。富有弹性的声音,能够更好地传情达意。

2. 共鸣是声音弹性的"调色板"

有弹性的声音应是有色彩的声音。换言之,有色彩的声音必然是富有弹性的。科学地运用三腔(口腔、胸腔、鼻腔)共鸣,是使声音富有色彩的关键所在。气息作用于共鸣腔,不仅扩大了声音,并且美化了声音。

二、声音弹性的对比训练

声音弹性不仅表现在声音的可变性上,而且表现在声音的对比性和层次性上。因此,加强声音的对比训练,是提高声音弹性和丰富声音色彩的有效办法。

声音弹性对比训练包括:强与弱;高与低;刚与柔;明与暗;实与虚;厚与薄;粗与细;前与后。声音弹性不只以单项对比形式出现,还常常以复合形式出现。例如,"刚"与"明"的复合形式、"高"与"强"的复合形式、"虚"与"柔"的复合形式等。

三、声音修饰

所谓声音修饰,指声音的运用和节奏的变化与内容、形式没有必然联系,通过对声音的修饰,追求良好的声音效果,使声音更富有弹性。其中,包括掩饰声音条件的缺陷和不足。例如,使暗的声音变得较明、使窄的声音变得较宽。一般采用的方法是调节或加大口腔共鸣。节目内容和形式不同,也需要在声音形式上有些变化,对声音加以适当的修饰。例如,新闻播音以实声为主,加大声音的力度;新闻人物特写播讲是虚实声结合,气息控制要好。

四、嗓音保护

1. 科学用嗓

科学用嗓要掌握正确的发音方法,如发音时喉部放松,不挤压声带。另外,在以中音区为主的自然声区内发音,过高或过低的发音都会使声带受损。要掌握好声带闭合的技巧,使声、情、气和谐一致。情感调动迅速而强烈时,气息供应要及时、畅通,从而减轻声带负担。

2. 注意音域使用范围

训练时的音域要大于使用时的音域范围,要在训练时逐渐增加音域范围。特别是发高强音时,要控制好气息压力和流量,避免没有准备的突然爆发高强音,声音过高、过强会加剧声带的摩擦和负担,使声带受损。

3. 注意休息

过于疲劳、睡眠不充分,声音就容易干、哑、无光泽。要注意休息,减少熬夜,保证充足的睡眠。

4. 注意饮食

食用过辣的食物,烟、酒过度,会使声带失去弹性。

5. 避免用声后马上喝水

用声后马上喝热水,会使声带受损。平时播音也不要养成喝水的不良习惯。有时,因紧张口干,是精神上的问题,会越喝水越口干。

6. 控制时间

每次用声开始在 30 分钟左右,逐步过渡到 1 个小时左右,声带没有过于疲劳的感觉才是正常的。初学者声音有些不适的感觉是正常现象,不必有心理负担。

7. 及时就医

声带充血,长期不适,要及时就医,以避免声带小结等疾病的发生。

第四章 播音创作基础

第一节 关于备稿

一、备稿的定义

备稿是播音创作基础的重要组成部分,是播音创作活动的开始,是如何播好稿件的第一步。广义备稿指提高业务水平,包括提高政治理论水平、时事政策水平、学识水平和播音专业水平。广义备稿是狭义备稿的基础和前提。狭义备稿,就是具体分析、理解稿件的过程。

备稿包括两个步骤:一是等稿,二是备稿。部分新闻主播往往忽视等稿这一环节,应在等稿的过程中,有计划地安排时事、业务、文化的学习。在等急稿时,要主动跟进编辑正在编排的稿件,以增加备稿时间;在来稿前的一段时间,要停止练声和闲谈,以免声带疲劳、精力减弱。等稿就是"待命",等稿时不能离开工作岗位。

二、备稿的方法

1. 默读作品

初步了解内容,同时排除文字障碍,将书面语转化成通俗易懂的口语。在默读中,应调动创造性的思维活动,加深对稿件的记忆和感受。要克服备稿时拿稿就念的习惯,这不利于对稿件的理解,甚至会形成固定的播音腔调。

2. 分析作品

一般从创作背景、创作意图、主题思想、结构层次、文章重点等几个方面对作品进行分析。在新闻性稿件中,作品的创作背景、创作意图较为明显,只要播音员加强新闻敏感性,掌握一个时期的报道精神,再结合具体稿件内容,是能够把握的。对于其他作品,应对作品的创作背景、作者的创作意图有深入的了解。

对具体稿件的分析、理解,应主要在结构层次和文章重点上下功夫。要对作品的结构层次进行分解和组合,找出文章的重点(因为重点是表现主题的精华部分),并做停连等各种符号标记,以作提示,播读时方能有主次、有轻重,即层次清晰、重点突出。

有些作品的准备,还要翻阅有关资料、请记者介绍采访情况等,以增强对作品的具体感受。

3. 设计表达

主要设计语言表达方式,是播报式、播讲式,还是评述式,并根据作品内容和形式,确定重点句、段的有声语言标志,如某一语句的感情色彩和声音形式;同时,也要设计副语言。对于初学者或难度较大的作品,要用自己看得懂的"符号"进行勾连和标记,以提示表达方式。

4. 试播稿件

根据稿件内容的难易,可以试播稿件的开头,或试播重点句、段,或试播全篇。要在试播中激发播讲愿望,并根据自己的播音风格起好调。

三、备稿的步骤

概括起来,备稿有六个步骤,简称"备稿六步":划分层次、概括主题、联系背景、明确目的、找出重点、确定基调。

1. 划分层次

所谓层次,指稿件的布局、结构。划分层次是从播音的角度对稿件中的自然段进行归并和划分。归并是把稿件内容内在联系较紧密的段落归并为一个大层次。如果篇幅比较大,还应把内在联系比较紧密的层次归并为一个部分,部分里再分层次。划分稿件层次时要注意,逻辑的划分要服从表情达意的需要。

2. 概括主题

主题指主要事实中包含的思想含义,也称稿件的中心思想。概括主题既要揭示深刻的思想含义,又要有利于调动播讲者的思想感情。主题的概括要准确、言简意赅,用一两句话即可。

3. 联系背景

背景主要指稿件的播出背景。播出背景包括两个方面的内容:一方面指和稿件有关的党和政府的路线、方针、政策等,另一方面指国际、国内各方面的现实情况及其变化。我们所联系的背景一定要从稿件的具体内容出发,切合具体稿件的实际。

4. 明确目的

知道了针对什么而发的稿件后,还要进一步明确通过播出需达到的宣传目的。目的是稿件作者意图的升华,也是稿件播出后所要达到的社会效果。

5. 找出重点

重点一般是直接表现主题、体现目的、抒发情感、感染受众的地方。重点一般有两种存在形式:一种是集中,一种是分散。集中指重点集中在某一个或几个自然段中,分散指重点分散在全篇稿件中。找出重点是为了在播讲中有主有次,在重点上下功夫,次要部分为重点部分的表达服务。

6. 确定基调

基调指稿件总的感情色彩和分量、播出时总的态度倾向,不是指某一句或某一段的感情色彩和分量,也不是指播音时声音的高低。它体现的是播讲者对稿件认识、感受的结果。[①]

---

① 付程. 实用播音教程第二册:语言表达[M]. 北京:北京广播学院出版社,2002:2-4.

第二节 关于直播

新闻节目播出分为录播和直播两种形式。新闻直播提高了新闻的时效性,这对新闻主播是一个考验和挑战。

直播分为演播室直播和现场直播(转播)。演播室直播一般有稿件提示器,也有编辑(记者)临时交予的稿件。临时交予的稿件可能没有时间准备,这时,新闻主播的沉着、冷静至关重要。大型现场直播一般有编辑提供的稿件,新闻主播要将稿件与现场气氛融合在一起。现场气氛也许在稿件上没有反映出来,新闻主播可根据情况即兴发挥。

直播对新闻主播的要求:(1)能迅速地把握稿件的精神实质、宣传目的和感情分寸;(2)能准确无误地播报稿件内容,做到无事实差错;(3)将规定稿迅速地转为规范播音口语;(4)具有广泛的政治、经济、文化等方面的知识储备;(5)具有良好的道德和品格修养;(6)具有沉着冷静、遇事不惊的心理素质;(7)思维敏捷、反应迅速、应变能力强;(8)具有"一目双行"的本事,能读上句、看下句,通览全篇;(9)能很好地控制和调节语速,不"急"、不"赶";(10)具有极强的语言基本功(脑—耳—眼—口,各尽其责、配合默契)和语言表达能力。

第三节 内部技巧

一、播音创作情感

1. 播音创作情感的酝酿

创作情感指新闻主播和节目主持人赋予具体稿件的情感。要注意把握以下几点。

(1)见到稿件、话筒、镜头、观众,有一种亲近感。

(2)酝酿创作情感时精神要高度集中,排除一切干扰,以免情感的爆发力减弱。

(3)要有强烈的播讲愿望。有一种要把稿件内容传达给受众的急切心情。

(4)要用心理解作品,反复揣摩作品。

2.播音创作情感的生发

播音中情感的生发必须在新闻主播和节目主持人"进入稿件"时才能获得。"进入稿件"就是齐越教授所说的"播进去了"。当稿件中所表现的情境与新闻主播和节目主持人的情感融合在一起的时候,感情的生发就达到了自如的阶段。

播音中情感运动的要求是"进得快、出得慢"。情感"进得快"是播音前情感酝酿的结果,情感"出得慢"是播音时情感生发的结果。有些新闻主播和节目主持人的播读状态和上述要求相反,情感"进得慢、出得快"。这是因为播音前缺少情感酝酿的过程、缺少强烈的播讲愿望。

歌唱家在唱完最后一个音符后,内心情感还要保持一段时间,使歌声有"余音绕梁"之感。播音结束前的情感延续也很重要。播音也要先收声,再收气,后收情。

3.播音中的"情感转换"

(1)"情感转换"已成为播音创作的专业术语。情感转换是有规律的,如明转、暗转、急转、慢转、顺转、逆转等;就是在同一情感类别里,也有程度和分寸的不同,有的转换明显,有的转换细微。

(2)情感转换是在新闻主播和节目主持人思想感情运动状态下进行的,即在"动"中"转",是波浪形的,不是锯齿形的。

(3)情感转换要在总的感情色彩和语气色彩的统一、变化中进行。

4.播音创作的情感要求

(1)真挚。情真意切、言必由衷、发自肺腑,切忌做作和虚假。

(2)丰富。感情表达丰富而强烈,澎湃的激情如泉水涌流。

(3)细腻。表达情感不同层次的细微差别。

(4)含蓄。情感耐人寻味,切忌直白和浅露。

(5)贴切。感情分寸恰到好处,不过也无不及。

(6)变化。情感有起有伏,使语言表达"动"起来、"活"起来;同时,情感变化要有依托。

5. 播音(朗诵)创作的情感类型

播音(朗诵)创作的情感类型应依据稿件的内容、体裁、题材特点而定。播音创作情感类型大体可归纳为以下几种。

(1)豪放型。如苏轼的《念奴娇·赤壁怀古》。
(2)高亢型。如陈毅的《梅岭三章》。
(3)舒展型。如舒婷的《致橡树》。
(4)沉缓型。如巴金的《愿化泥土》。
(5)愤怒型。如海涅的《西里西亚的纺织工人》。
(6)温柔型。如张俊以的《怀抱》。
(7)亲切型。如朱自清的《小草》。
(8)忧伤型。如余光中的《乡愁》。

6. 情感、声音、气息、技巧的关系

情感与声音、气息、技巧的关系可以概括为"情动于内—声发在外—气运其中—'技'表各方"。

(1)情动于内。感情发自内心。这是有声语言创作的基础,要有真挚、丰富的情感。

(2)声发在外。声音是外壳。感情的抒发要靠声音来表现,要有好的声音弹性和声音效果。

(3)气运其中。内在的情感靠声音表现,而声音的表现又以气息的变化为依托。

(4)"技"表各方。情感、气息和声音的运用都有技巧。情感有真挚、丰富、细腻、含蓄、贴切、变化的技巧,气息有换气、偷气、顿气、就气、提气、收气的技巧,声音有音高、音强、音长、音色的弹性变化和吐字归音技巧,语言表达有停连、重音、语气、节奏运用的技巧。根据表意的需要,运用各方面的技巧,形成一个有机的整体。

情感、声音、气息、技巧的关系可以概括为"丰富的情感+可塑的声音+自如的气息+娴熟的技巧=有声语言的表现力和感染力=有声语言艺术美"。

二、情景再现

情景再现是新闻主播和节目主持人在播音创作中调动思想情感使之处于运动状态的重要手段,是具有播音特点的重要术语。情景再现在播音中具有特定含义:在符合稿件要求的前提下,以稿件提供的材料为原型,使稿件中的人物、事件、情节、场面、景物、情绪……在新闻主播和节目主持人的脑海里不断浮现,形成连续活动的画面,并不断引发相应的态度、感情的过程。情景再现是一种联想和想象活动,不过它不是任意驰骋的,它要求以稿件提供的材料为原型,要符合稿件的需要,要服务于视听的需要。

1. 情景再现的过程

我们脑海里连续的活动的画面开头是什么?接下来是怎么变化的?以后又怎样发展?结果是怎样的?哪里是横向扩展的?怎样扩展?详细到什么程度?哪里是重点的"特写镜头"?哪里是较为粗疏的"远景""全景"?哪个"镜头"大笔勾勒,哪个"镜头"工笔细描?……对于这些问题,新闻主播和节目主持人都要心中有数,不可走过场,也不可陷进去;要通过想象和联想让稿件所叙述、描写的一切,作为亲眼所见、亲耳所闻、亲身经历,进入具体的事件、场面中。

当某种生活图景在脑海里浮现时,我们一定要作出积极的反应。稿件是写情于景的,我们就要触景生情。触景生情是情景再现的核心,播音中特别强调积极的反应,在毫无准备的情况下,一个具体的"景"的刺激,应当马上引起我们具体的"情"的反应,而且要符合稿件的要求。

把情景再现的过程转述出来,是主播者始而有意、继而实现的责任。新闻主播和节目主持人在头脑中再现了稿件的情景,经过自己的消化吸收、加工制作,使受众产生某种情景的再现,从中受到感染,才算完成了自己的任务。[①]

2. 情景再现的要求

(1)以稿件的材料为依据,在分析理解稿件的基础上进行。

(2)运用联想和想象,再现场景、画面。

(3)情景再现不是创作目的,而是创作手段,应该在需要的地方再现情景。

---

① 付程.实用播音教程第二册:语言表达[M].北京:北京广播学院出版社,2002:74.

例稿：

①"小芦——""亚带——"战友们追着洪水狂奔,呼叫。风在呼啸,水在咆吼,山谷里回荡着战友的悲鸣,但再也听不到这位年仅21岁的战友的回音了。(选自《一株小草》)

②李冰是中国医学科学院日坛医院的党委书记、著名医生。她刚刚走出手术室,听说周总理叫她,又急忙返回来,俯下身说:"总理,您觉得怎么样?"

"我,很好……李冰……"

"嗯,我在这儿。"

周总理停了一下,轻轻喘口气,看得出他很虚弱。(选自《手术之后》)

③军长愣住了,他望着雕像般的军需处长,眼泪成串成串地流了下来。他高高地举起那只鲜红的辣椒,在铅灰色的天穹下,在迷漫的雪雾中,辣椒就像一把燃烧的火炬,照耀着前程。(选自《军礼》)

④山崖上有株如伞如盖的大树,在熹微的晨光里,如同一团深色的云在飘,一只白孔雀,飞过云状的树冠,翅膀忽悠忽悠地缓缓扇动着,仿佛翩翩而来的天使。(选自《墨绿色的童伞》)

训练时,再现上述作品的情景,并迅速地串联起来,为表达作品的思想感情服务。

三、对象与对象感

这里说的"对象"既指在场的嘉宾与观众,也包括场外观众。因此,主持人必须设想和感觉到对象的存在和对象的反应,必须从感觉上意识到观众的心理——要求、愿望、情绪等,并由此调动自己的思想感情,使之处于运动状态。[①]

主持人感情的运动状态就是要与"对象"进行"交流互动"。这种交流互动越频繁越好,并使即兴口语和体态语得以充分的发挥和展现。主持人要避免"话"过多、过长、滔滔不绝、自我表现;努力"探寻通达人们心灵的最短道路",而"通达人们心灵的最短道路",就是"用心理解作品,用心表达作品",引起"交叉共鸣"和心灵感应,使自己的播音主持有热情、有神采、有文化底蕴。

主持人要把"对象"当成自己的朋友,有一种亲密之感,这样才能使自己的

---

① 张颂.播音创作基础(第三版)[M].北京:中国传媒大学出版社,2011:77.

语言动心、动情、动容;应满腔热情地用"心"主持,用"爱"传扬。

1. 对象的设想

对象的设想必须从量和质两个方面进行,而质的方面又是最根本的。所谓量的方面,指性别、年龄、职业、人数等有关对象的一般情况;所谓质的方面,指环境、气氛、心理、素养等有关对象的个性要求。①

2. 对象感的获得

广播电视中的对象节目,是专为特定对象组织的节目,当然要为特定对象播音。

在非特定对象节目的播音中,同样应该具体设想对象,以便获得具体的对象感。为了获得对象感,在量和质两个方面的具体设想是相辅相成的,不可孤立对待。为了获得对象感,我们应尽可能地熟知各种对象的情况。②

对象感主要是对广播节目主持人而言的,要做到虽目中无人,但心中要有人。主持人要不停地"招呼"对方,"我有话对你说";常常是一对一、一对多的语言形式。例如,虹云在主持的"不要使孩子成为流浪儿"节目中,对孩子母亲说的一段话对象感极强。她说:"你们有一个多么可爱的孩子啊!他身体有病,学习不好,你们应该帮助他,理解他,他是个孩子啊!"

第四节 外部技巧

一、停连

"停",指语流行进中声音暂时休止和中断的地方,即停顿;"连",指连接。停连既是生理需要,也是心理需要,不仅能使表达准确、清晰,而且能推动情感、节奏、速度的变化。

---

① 张颂.播音创作基础(第三版)[M].北京:中国传媒大学出版社,2011:77.
② 张颂.播音创作基础(第三版)[M].北京:中国传媒大学出版社,2011:78.

1. 停连的作用

(1)体现篇章结构

停连能体现文章起承转合的变化,特别是篇章的结构,如消息的导语、主体、结尾之间,评论的论点、论据、论证之间,新闻人物特写的段落、层次之间都要安排长短不等的停顿或连接。没有准确的停连,就会使文章模糊一片,影响听众对稿件的理解和感受。

(2)体现感情和节奏的变化

一般说来,表现强烈、急促的感情和节奏多用连接,但"连"中也有"停",以"连"为主。例如:"突然,一辆大型'红旗'牌轿车紧贴着我身边的左侧,嘎地停住了"。表现凝重、沉缓的感情和节奏多用停顿,"停"中也有"连",以"停"为主。例如:"这时,李月华又昏过去了。"在"又"的前后都可以安排停顿,以表达凝重和沉缓的情感。在停顿较多的句子里,要特别注意感情的连贯,"声"断"情"连。

(3)体现特定的语言环境

在舞台上朗诵作品和在播音室朗诵作品是不一样的。例如,笔者曾经听到好几位朗诵大家朗诵徐志摩的《再别康桥》或李白的《将进酒》。有些语句之间"连"得相当紧,有些语句"停"得相当长(让人以为是忘词儿,其实不是的),那是情感的需要,或许也是现场朗诵需要的效果。

2. 停连的运用

(1)停顿和重音相配合

停顿和重音的关系十分密切。如果把思想感情的运动比作大江奔流,闸门就是"停顿",激起的水柱就是"重音"。一般说来,重音前有停顿,停顿后常常是重音。重音前若没有停顿,重音的突出往往受到限制。例如:"有的人活着,他已经死了;有的人死了,他还活着。"在重音"活"和"死"的前面都要安排停顿。

(2)停连和气息相依存

气息的控制能力对恰到好处的停连起着重要作用。气息不足,不可能有好的停连效果;同样,恰当的停连又能节省气息并使气息得到及时的补充。在语流行进中,选好时机,在间歇时换气、在停顿中补气、在顿挫处偷气。

(3)停连的位置和时间

初学者由于对稿件缺乏深刻理解,或由于紧张等原因,往往是段落之间

"连"多"停"少、语句之间又"停"多"连"少,在一句话中语句缺少错落有致的变化,听不出节奏感。

停顿的时间取决于稿件体裁、形式的特点,感情、节奏的变化及气息的运用和语言风格等。

(4)停连符号的使用

"▲":顿挫号。停顿时间极短或较短,一般用在句子中间没有标点符号的地方。

"∧":停顿号。停顿时间稍长,常用在有标点符号的地方,有时也用在没有标点符号的地方。

"≈":间歇号。停顿的时间较长或很长,常用在层次、段落或结尾处。

"⌣":连接号。常用在有标点符号但需要连接的地方。

停连是有声语言表达的"常规武器",运用极广、效果极佳,可惜在许多播音主持或朗诵演播的作品中还没有被充分地发掘、表现出来。

二、重音

为了准确地表达稿件的主题、思想感情,语句中词和词组常处于不同的地位。而那些被着重强调的词或词组,就是重音。

1. 重音的确定

(1)逻辑重音

从语意的内在联系(逻辑关系)中确定的重音通常叫逻辑重音。例如:

人总是要死的,就看怎样死法,是屈辱而死呢,还是为民族利益而死?

此句应强调"屈辱"和"民族利益",以形成鲜明对比,体现逻辑力量。

(2)感情重音

在表达感情最强烈的词或词组上确定的重音通常叫感情重音。一般情况下,感情重音和逻辑重音相一致,但它主要是为表达强烈感情的需要而强调某个词或词组的。例如:

> 我知足啊,我不争你那几个饺子吃啊!

只有强调"知足"和"不争",感情才能充分表达出来。

(3)语法重音

从语法结构上确定重音,通常叫语法重音(参看本节"表达与语法"部分)。

上述几种确定重音的方法不是孤立运用的。有时被强调的词组既是逻辑重音,又是感情重音,也是语法重音。

张颂教授列举了10类重音,指出了确定重音位置的规律。这10类是:①并列性重音;②对比性重音;③呼应性重音;④递进性重音;⑤转折性重音;⑥强调性重音;⑦比喻性重音;⑧拟声性重音;⑨肯定性重音;⑩反义词重音。①

(4)主要重音和次要重音

在语句特别是在复句中,有的词或词组处于重要地位,有的处于次要地位,这就出现了主要重音和次要重音的区别。例如:

> 黎少钦卖肉,顾客要瘦的砍瘦的,要肥的砍肥的,尤以质好秤足在顾客中赢得了信誉。

在这个句子里,"质好秤足"为主要重音,"瘦"和"肥"为次要重音。

2.重音的表达技巧

(1)加重法

用加强声音强度来表现重音,以体现稿件的内在联系,加强逻辑力量。例如:

> 什么是"医德"? 医德就是每个医务人员的职业道德。

(2)延伸法

延长重音音节,常用来表达深切的内在感情,或在特定语言环境中使用。例如:

> 一顿酒席吃掉了两万多斤小白菜,这是在吃广大社员的血汗哪!
> (血——汗——哪)

---

① 张颂.播音创作基础(第三版)[M].北京:中国传媒大学出版社,2011:98-103.

(3)顿挫法

在重音前安排停顿,以突出重音。句子里的引语为重音时,它的前面往往安排停顿。例如:

  这些采掘"黑宝石"的地下尖兵们,难道不值得爱吗?那么"红娘"啊,你在哪里?

(4)轻读法

重音轻读,常用于表现感情深沉的语词。重音轻读的表现方法常被人们忽视,以为重音只能重读,这是一种误解。例如:

  他的病越来越重了。

(5)反调法

文字上是肯定词语,实际上是表示否定的意思,这类重音叫反义性重音。反义性重音要用反调的语气来表达。反调法既要使人从语气上听出是反语,又不要过分夸张,特别是正论文中的反语。例如:

  狼总是不甘寂寞的。它在吃了羊之后,还要表示自己是"善良"的。

3.重音表达中的问题

(1)误用重音

重音的使用不合逻辑和语法。

(2)习惯性重音

根据自己的语言习惯,随意地突出重音。例如,有的播音员播出稿件时喜欢在"不但……而且""如果……就……""因为……所以……""还""和""在""来"等字上加重音。

(3)多重音

抓不住重点,看哪都重要,都想突出。重音太多,冲淡了真正的重音,使语句变得生硬和死板,给人以夸张感。

(4)无重音

语句读得平淡无奇。这是对稿件的理解不深和感情上的无动于衷,表现在语言技巧上就是无重音。

(5) 单一性重音

重音的确定是准确的，但表达方法单一，多用加重法表现重音。有时由于用力过大，重音突兀而起，给人不和谐之感。

(6) 缺少次重音

没有次重音，主要重音的强调容易给人以"拔地而起"之感。要协调主要重音和次要重音，使语句的表达既有大的"浪花"，又有小的"波纹"。

三、语气

语气是思想感情运动状态支配下语句的声音形式。从表达上说，语气是语句的感情色彩、分量和声音形式的综合体现。

1. 语气的感情色彩和分量

(1) 语气情感色彩和分量的概念

语气的感情色彩指语句在全篇总的基调中所表现的感情方面的具体性质。例如，是赞成还是反对，是严肃还是亲切，是从容还是焦急，是喜悦还是悲愤，等等。有些词语本身就有褒贬，而有的是中性。这是把握语句感情色彩的基本依据。

语气的感情分量指感情色彩的不同程度的区别，即色彩的浓淡，或者说是感情的分寸、火候。

感情的千变万化，使得感情分量的差别有时极其明显，有时又特别细微。可以用五度法表示：重度、中重度、中度、中轻度和轻度。

(2) 语气感情色彩和分量的把握

①深刻理解稿件。如果对稿件的理解模糊、肤浅，主题不清、目的不明，就无法准确地把握语气。

②语气要服从于全篇总的基调。要在确定全篇基调之后，研究和确定具体语句的语气，但全篇基调的确定代替不了对具体语气的把握。语气与基调既是统一的，又是变化的；并且，变化是主要的。

③语气要准确地体现语意。任何语气的轻微变化都会影响语意的表达。例如，"他的论文获奖了"，可以是肯定、赞扬的语气，也可以是否定、讽刺的

语气。

④语气依托于语言环境。离开了语言环境,语气也就没有了依托。

⑤语气受稿件体裁的影响。一般来说,新闻语气的变化不大,比较好把握,但语气易平淡、缺乏色彩;新闻人物特写语气的变化较大,特别是人物语言的语气对表现人物性格和内心活动起着重要作用,对语气的把握要准确、细腻。

⑥语气与声音、气息密切相关。语气的准确表达不仅和声音的高低、强弱等声音的弹性有关,而且和气息的多少、深浅等方面相关。

2. 语气的声音形式

语气的声音形式是在思想感情运动状态支配下的语流中形成的。由于思想感情的千变万化,体现这种感情的声音形式也就千差万别,因此不能孤立地、静止地研究和运用语气的声音形式。张颂教授用"语势"这个概念说明语气的声音形式。语势,指一个句子在思想感情的运动状态下声音的态势,或者说有声语言的发展趋向。这中间包括气息、声音、口腔状态三大方面。声音,当然是音色、音高、音强、音长的综合。为了约略了解语势的情况,我们将有声语言中的语势分为五种基本形态:波峰、波谷、上山、下山、半起。①

下面举例说明语气的感情色彩、分量和声音形式是怎样体现出来的。

例如,《一个官员的死》中小庶务官切尔维亚科夫与将军的一段对话:

"对不起,大人,我把唾沫星子溅在您身上……我一不小心……""不要紧,不要紧……""看在上帝的面上,原谅我。我……我不是故意要这样。""唉!请您坐好吧!让我看戏!""我把唾沫星子喷在您身上了,大人。……原谅我……您明白……我原本无意。""唉!够了……我已经忘了,您却说个没完!""……我做梦也没想到过拿您开玩笑,我哪儿敢拿您开玩笑?要是我们沾染上了开玩笑的习气,那就会失去……对人的尊敬……""滚出去!"

小庶务官的感情色彩是唯唯诺诺和虚伪,将军的感情色彩是坦直和严肃。色彩分量是轻度和重度的对比,声音形式是弱、长、慢和强、短、快的对比。

---

① 张颂. 播音创作基础(第三版)[M]. 北京:中国传媒大学出版社,2011:106-107.

四、节奏

"节奏"这个概念,最早用于音乐艺术,后来也用于戏曲和其他语言艺术。有声语言的节奏应该是思想感情运动波澜起伏所造成的抑扬顿挫、轻重缓急的声音形式在全篇中的体现。

1. 节奏运用的基本方法

(1) 欲扬先抑,欲抑先扬

这里所说的"扬",指语流行进中声音的趋势是向上发展,"抑"则是向下发展。要想推进情感,"扬"上去时,先要"抑"下来;要先控制一下感情和声音,这样才能"扬"上去。同样的道理,要抑制一下感情时,在"抑"之前,先要"扬"上去,这样才能"抑"下来。从声音上讲,"扬"声音要高,而"抑"声音要低。"欲扬先抑,欲抑先扬"是形成抑扬顿挫的节奏感的重要方法。

(2) 欲慢先快,欲快先慢

情感的表达要求在速度上放慢些,那么,在"慢"之前先要"快"些;反之,要想"快"些,先要"慢"些。"快"时不要赶,也不要喊。"慢"时,不要拖,也不要散。要"快"就没有"慢",一"快"到底,要"慢"就没有"快",一"慢"到底,是没有变化、节奏单一的表现。在较为舒缓的语流中找出需要加快的地方,这就是"慢中快""停中连";在较为急促的语流中找到需要放慢的地方,这就是"快中慢""连中停"。

(3) 欲重先轻,欲轻先重

"重"和"轻"也是对立的统一,没有"重"就无所谓"轻",没有"轻"也无所谓"重"。要想重读的地方,在重读之前要轻读;要想用轻读表达感情,在轻读之前需要加重一些,这样才能轻下来。

运用扬抑、高低、快慢、轻重形成的节奏变化,可以使感情的表达更加丰富和细腻,提升语言的表现力和感染力。

2. 节奏运用的总体要求

播音语言艺术的节奏变化规律可概括为低而不蔫,高而不喊;慢而不拖,快而不赶;轻而不浮,重而不板。

(1) 符合稿件要求

应结合对稿件的理解、感受,准确分析并把握其节奏的类型。节奏必须符合稿件所表现的各种思想感情的变化,符合总的基调。

(2) 多层次

抑扬、快慢、轻重的变化不是简单的一抑一扬、一快一慢、一重一轻的声音形式,而是在情感变化中形成的多层次的节奏变化。"抑"也不一定都是"轻"和"慢","扬"也不一定都是"重"和"快",不应有固定模式。

(3) 加强对比

加强对比是形成鲜明节奏感的好方法。在对比中,该突出的突出、该削弱的削弱,一般是突出后句、削弱前句,突出正句、削弱反句;但对比的幅度要适当,要控纵有节。

五、表达与语法

除即兴口语之外,一切有稿件依托的新闻类或文艺类作品在语言表达时,都有一个是否符合语法和修辞要求的问题。在我们听到的节目中,常常存在表达与语法方面的问题,难免有点"瑕疵",使节目不尽如人意。这或许是对汉语语法知识的缺乏所致,但又被许多人所忽略。

例如所有助词都是读轻音的。不仅是"的",也包括"地",如"他愤怒地说……"。有人见到"地"就读本音,是不对的。又如,"联产承包责任制调动了集体和个人两个积极性"中,"集体和个人"是并列词组,用"和"连接起来;读时在"和"前面有"停顿"就不准确了。而这种"停顿"在节目中普遍存在。再比如,读否定词"不"组成的句子时,要强调否定词"不",如"我不希望……""不难为你……","不"要作为重音。

有些语法关系,如谓语前置的语句,是要强调被前置的谓语的。例如,"多么幸福啊!新中国的儿童""腾飞吧!中华",强调"多么幸福"和"腾飞";如果强调主语"新中国的儿童"和"中华"就不准确了。

主语和谓语组成的句子极为普遍,表达时,可以在主语和谓语之间有一个心理停顿。例如,"省政府召开植树造林大会""朱建华跳过两米三八的高度"。文学作品里修饰语用得比较多。表达时,要强调修饰语,而不强调中心词,如

"和暖的太阳照射着平静的湖水",强调"和暖"和"平静"。汉语的修辞方式与语言表达也有一定关联。例如,"春天像刚落地的娃娃",表达时,要强调喻体"娃娃"。

1. 反复和复唱

反复是用同一的词、词组或句子表现同一意念的修辞方式,以表现强烈的思想情感。例如:

> 忧郁的眼里没有眼泪,
> 他们坐在织机旁,咬牙切齿:
> "德意志,我们在织你的尸布,
> 我们织进去三重诅咒——
> 我们织!我们织!
> ……
> "梭子在飞,织机在响,
> 我们纺织着,日夜匆忙——
> 老德意志,我们在织你的尸布,
> 我们织进去三重诅咒,
> 我们织!我们织!"

海涅的这首《西里西亚的纺织工人》,全诗出现多个"我们织",这种"反复"表达了纺织工人对旧制度的强烈愤慨。

表达"反复"句,要给予一定的分量,每个"反复"都不能"弱"下来,但又不是一个比一个"强",要有变化。

复唱也是反复,一般用于诗歌。例如,郭沫若的《凤凰涅槃》中的"一切的一""一的一切"和"翱翔!翱翔!欢唱!欢唱!"。

2. 对偶和排比

对偶句是结构相同或相近的一对词组或句子,形式对称,音节和谐。例如:

> 纵然卑微如涧边之草,纵然崇高如峰间之松。

对偶句凝练深刻,表达时,两个对偶词组或句子色彩和分量也基本相同。

排比句的作用在于加强语势。例如:

雪片愈落愈多,白茫茫地布满在天空中,向四处落下。落在伞上,落在轿顶上,落在轿夫的笠上,落在行人的脸上。

表达上,"伞""轿顶""笠""脸"为重音,整个句子为推进的语势。修辞能增加语言的逻辑力量。

第五章 主持人即兴口语

第一节 口语能力的重要性

现代经济的发展与繁荣使人际交往越来越频繁,人们的交往不仅能沟通感情,还能获得知识和信息。即兴口语能力在人的一生中起着重要的作用。

人们运用即兴口语这个最直接、最便当的交际工具,学会文明社会的交际用语,把话说得使人愿意听、使人爱听、使人感到动听。国外一些公司在招聘职员时,把是否掌握说话的艺术作为考核的项目之一,如:

(1)应聘者声若蚊子者,不予录用;

(2)说话没有抑扬顿挫者,不予录用;

(3)交谈时,不得要领者,不予录用;

(4)交谈时,不能干脆利落地回答问题者,不予录用;

(5)说话无生气者,不予录用;

(6)说话颠三倒四、不知所云者,不予录用……

为什么这六条占一条就不予录用呢?我们逐条分析一下。

第一条,声音太小。

第二条,语调平平,缺少变化。

第三条,抓不住重点,分不出主次。

第四条,说话拖沓,啰里啰唆。

第五条,有气无力,缺少激情。

第六条,思维混乱,表达不清。

这些规定反映这样一个事实:说话与职业的关系极为密切,它是胜任本职工作最基本的,也是十分重要的条件之一。许多政治家、学者都是口才高手。

从语言应用的前景来看,即兴口语能力对发挥人的才能起着相当积极的作用。随着传声技术的发展,人机对话、智能机器人的出现,给口语表达提出更严格的要求。

西方有位哲人曾说,世间有一种成就可以使人很快完成伟业,并获得世人的认同,那就是说话让人喜悦的能力。

美国人类行为科学研究者汤姆士甚至断言:"发生在成功人物身上的奇迹,一半是由口才创造的。"

口才"是开启社会之门的金钥匙,是踏向成功之路的通行证"。口才作为人生重要的资本,有助于我们在各种场合发挥更大的能量。"脱口秀明星的精彩就在他们的嘴上。"

第二节 即兴口语的形成过程

语言是体现思维的工具,是思想的物质化身,也是思维存在的物质形式。"语言是思想的直接现实。"先想后说、现想现说、想好再说,都是思维和语言手拉手共同完成的一个过程。

即兴口语形成过程分为3个阶段。

一、内部语言阶段

人在说话前,先要产生说话的动机、愿望。组织内部语言的过程,可长可短。长则几时,短则瞬间。思维敏捷首先表现在内部语言组织的能力。

内部语言的组织是口语表达的基础和前提条件。要锻炼组织内部语言的能力，调动思维使之积极、活跃、集中，做到既迅速又有条理。应克服没有准备就说的毛病，以免出现没词儿、断溜了，或是词不达意、颠三倒四等问题。

二、扩展、编码阶段

在这一阶段，要通过扩展、编码，使内部语言转成外部语言，即完成由想到说的过程。

在内部语言阶段，脑子里只有些"语点"，或一个轮廓。主要的意思要在口语表达中，迅速地将它们连成"线"，并清晰、流畅地表达出来。其中可能有遗漏，但又有即兴产生的新的词语和副语言。

这期间，思维要充分地调动起来。思维在先，语言紧随其后。要在停顿间隙快速组织语言，甚至在说此话的同时，又在思考后面的话。

要使这一阶段的语言组织工作顺利地完成，平时要丰富自己的词汇库、扩大知识面，以便在口语表达时"招之即来"，或"顺口拈来"。丰富的词汇库，可以扩大自己的选择范围，加快编码速度。敏捷的思维，会使口语表达流畅、顺达和丰富。

要熟练掌握语法规则，克服口语表达的盲目性和随意性。好的即兴口语表达有一定难度，要花费更多的时间、精力，下功夫训练。

三、传送、反馈阶段

把内部语言扩展、编码为一定的语言传给听者时，要随时接收反馈。一是自己的听觉器官对自己说的话的反馈，二是从听者那里收集的反馈，可从他们的言语、表情中得到反馈，并随即调整自己说话的内容、语调、情感、声音等。

这里，口语表达者不仅要具有一定的表情达意能力，而且要有迅速整理、调节语言的能力。

第三节　即兴口语的特点

一、书面语—口语—即兴口语的相互关系

书面语,是"写给人看的语言",从传媒的角度,归于平面媒体语言范畴。

口语,指"说给人听的语言"。它包括把书面语加工成口语,归为文本加工式的立体语言形式,如播音、朗读、演讲等。

即兴口语,指脱口而出的语言,特别是场合口语和广播电视即兴口语。即兴口语运用广泛、发挥空间广阔。"人更容易被即兴的表现所打动。"

在谈话类节目中,主持人要有与节目内容相关的提纲加资料,这些都是谈话时的基本素材。在谈话类节目中,主持人不可能都用即兴口语。

要处理好书面语—口语—即兴口语的关系。它们互相渗透、互相转换、互为里表。要根据节目内容、形式、场景的不同,使口语更加灵活、多样。要锻炼自己的即兴口语能力,使即兴口语如顺手拈来一样,成为口才高手。

二、即兴口语的特点

1. 随口就说,边想边说或想好再说

(1)随口就说:不需要想的过程。
(2)边想边说:以说贯串线,瞬间有思维的停顿点。
(3)想好再说:有准备,心中有较清晰、明了的腹稿。

2. 稍纵即逝,一闪而过

口语表达,就说话的当时而言,都是瞬间的、一闪而过的,一般是不留痕迹的。说出的话要想好再说,说就说好。表达准确是最基本的,也是十分重要的。不过口语不可能一点儿不错;错了要知道,要马上改正过来。

3. 空间广阔,话题随意

口语表达,场合很多、话题很多、角度很多,要说的话也很多,所以,口语表

达的空间广阔。

口语表达不是作文章,如果能"出口成章"当然很好,但在交际中,言语的随意性很强,不是"金口玉牙、说啥是啥"。一般情况,是自己想说啥就说啥,能"自圆其说"就行,不必拘谨。能妙语连珠的人,不仅口才好,而且有强烈的言语欲望。

4. 丰富多彩,灵活多样

许多口语表达都是在一定场合中表现出来的。在这些场合中,可以即兴说话,也可以说个幽默笑话、讲个动听的故事等,那激情,那色彩、语调和声音的变化,通过多种言语形式,得以充分地发挥和尽情地展示。

5. 临场发挥,即兴而谈

即兴而谈、条理清晰,是口语表达高质量的表现,也是反映、检查口语表达能力的重要指标。这里最重要的是思维活跃和敏捷,迅速地将内部语言转为外部语言,常有突发性的思维火花溅出。

6. 通俗自然,语调亲切

即兴口语表达的通俗、自然、亲切的特点十分明显,表现交谈双方的平等、贴近和亲和。没有晦涩的词语、没有生硬的语气,一般情况下交谈双方的话是一听就懂,双方的感情也往往一拍即合。语调上也是和谐的、自然的,即便有学问的人,在与文化程度不同的人交谈时,也要使用通俗易懂、语调亲切的语言。

第四节 即兴口语的要求

一、准确与简洁

准确对有稿播音来说十分重要,是播音创作的重要指标。在即兴口语中,也要体现这一原则。因为是即兴口语,"一言既出,驷马难追"。泼出去的水无法收回来,出了差错,往往无法挽回。

即兴口语不仅要准确,而且要规范。不能因为是即兴口语就放松了对口语规范化的要求。广播电视宣传时间贵如金。广播电视即兴口语要简洁、明了,减少重复、拖沓、赘语,不能漫无边际地胡扯调侃,不能使广播电视即兴口语处在日常生活中的"原生态"言语状态。

二、迅速与集中

即兴口语表达时,想的过程被压缩到极限,一句话要迅速出口才行,思维的敏捷是决定因素,使语言"招之即来"。

集中,指精神不能懈怠。从心理学角度来讲,轻度紧张有利于信息的传入和传出,而集中注意力是产生灵感的重要因素。

三、交流与互动

如果没有与观众的交流与互动,即兴口语就失去了它的魅力和光彩。交流与互动已成为观众的心理需求,他们非常乐意到现场与主持人见面、回答问题。

目前,能与观众进行互动的很多节目办得都比较好。换言之,许多节目都在想方设法让听众、观众参与,这几乎成了一种趋势。与观众的交流与互动,为主持人提供了表演空间,主持人可以尽情地发挥,与观众产生和谐、愉悦的共鸣。

第五节 即兴口语的准备

日常口语难免有很大的随意性,而广播电视即兴口语由于受传播的目的性的制约,要克服、避免日常口语中的随意性,体现目的性、规范性、流畅性、简洁性、思辨性、互动性等要求。

即兴口语可分为:(1)无任何准备的即兴口语;(2)稍有准备的即兴口语;(3)有一定准备时间(有腹稿)的即兴口语;(4)有较充足时间、提纲加资料的即兴口语;(5)提示性的即兴口语。

这就是说,除第一种外,其他四种情况都要做一定准备,或做充分准备,才能形成符合场合要求或节目要求的优秀口语乃至精致口语。

如何准备即兴口语呢?应该说,知识的积累和储存和语言表达能力(包括"文本加工"能力)是即兴口语的基础和前提。有了知识能力和语言表达能力这两项能力,新闻播音(多为有稿播音)的主播能够将"播报式"转为"播说式",播音员可以从有稿播音转为无稿主持。当然,语体的转换有一个逐渐适应的过程。

一是迅速将规定语转化为"腹"语言,即将别人写的作品转为具有即兴口语感的语言。

主持人使用别人的作品(稿件)进行二度创作是很正常的,如中央人民广播电台徐曼主持的《空中之友》节目就受到了台湾广大听众的普遍欢迎。

《致台湾一位女中学生》的文字稿作品作者是王德枫,而徐曼通过对作品的理解,用说、讲的语调,向这位中学生娓娓道来,没有一点读稿痕迹,就像她在用自己的思想、感情、语言一样:

亲爱的台湾同胞,您好!我是徐曼,感谢您收听我主持的《空中之友》节目。

此刻,我不知道听众朋友当中有没有那位给我来信的台湾女学生。

……

现在,请允许我首先表示一个小小的心愿——如果这位女学生正在听广播而且同意的话,请您听我说,我愿意和您交个朋友,我把您看成自己的小妹妹,您呢,就称我为徐姐,好吗?今天,我非常高兴为这位台湾小妹妹主持这次节目,希望能得到您的喜欢。

听徐曼主持这次节目的录音,给人感觉这就是她在直接与台湾那位女中学生对话,是在倾吐心声,与人交流,具有即兴口语的感觉。

二是迅速将规定语融入现场气氛中,与现场观众的互动、交流是这类即兴口语的重要特点。

很多受观众喜欢的电视节目会把观众请到现场,主持人或许就是他们的偶像。观众来到现场就是要亲眼见到他们喜欢的主持人,参与到他们喜欢的节目中来。主持人要善于调控现场气氛,与观众交流互动,将"文本"语言变为场合语言,将场合语言和现场气氛结合起来。

有些综艺节目,内容有一个基本框架,主持人有发挥的余地和空间,可即兴产生口语。例如,周涛主持的《欢歌笑语》节目是有撰稿人的,但她把撰稿人写的书面文字做了适当的修改,使之更口语化。还有的主持人文字能力和表演能力都强,可以自己组织节目,自己写提纲、打腹稿,体现自己的个性和语言风格。

三是充分做好节目前的案头工作,准备大量与节目相关的资料,写好节目主持提纲。

常态性广播电视节目主持,一般都是"提纲加资料"式的,这里也包括现场体育解说、评论。无论是新闻型的、知识型的、综艺型的、服务型的,还是对象型的节目主持,都要培养和提高主持人敏锐的感受力和准确的判断力,这就要做好对素材的收集和梳理,对繁多的素材进行梳理、分析和提炼。

杨澜在她的《杨澜工作室》节目中,采访过无数名人,包括政治、经济、文化、科学、艺术等多个领域的名人。杨澜在总结那段采访工作时说:"如果没有充分的案头准备,提问往往是肤浅的、漫无边际的。来宾会认为在同一个小学生谈话,甚至是对牛弹琴,谈话的兴趣不高。没有准备的提问也往往是发散型的,东一榔头西一棒子,没有重点。半个小时的采访一晃而过,留给观众的却是一片模糊。"准备工作做得充分,就能对采访对象的背景了如指掌,使谈话顺畅自如,常常能带来意外收获。

第六节 即兴口语的构思

即兴口语效果如何,关键点之一是有巧妙的构思。即兴口语的构思要巧妙,可从以下几个方面进行把握。

一、触景生情

看到眼前那情、那景,自然容易产生发自内心的感慨。此时,大脑必然迅速地组织言语编码,两种思维(逻辑思维和形象思维)相交,生发出与此景此情相和谐的言语。

中央电视台"心连心"艺术团在江西老区的一次演出中,关牧村唱《多情的土地》时,天空下起了小雨。主持人赵忠祥对在场的群众说:"乡亲们,关牧村动情的歌声……连老天爷的眼睛也给湿润了!……如果雨下大了,只要大伙儿不走,我们的演员就不会走,就继续为大家演出。"这段话就是触景生情的即兴语。

触景生情对即兴口语表达非常重要。情感投入其中,才能"心血来潮",生发出奇妙的即兴语言。

二、随机应变

在一定的场合中,如前所说,对于临场前准备的即兴语,在"说"的时候,可随时改变、调整。这种改变、调整,有自己在说、听时根据自我感觉所做的改变,也有根据观众的表情反馈对原来的言语顺序和言语内容所做的改变。

例如,董卿在主持第十二届青歌赛时,有这样一个情节:一位选手表演节目时非常紧张,说他平时都是在宽广的草原上放声歌唱,对着牛群、羊群歌唱,不紧张;而现在这种场合,这么多评委,很紧张。这时主持人灵机一动说:"那你就把下面坐着的评委当作牛、羊吧。"随后加了一句:"如果在座的评委不在意的话,请鼓掌(掌声、笑声)。"

三、借题发挥

即兴口语的构思和表达不是一朝一夕形成的,平时"处处留心"和用时"迅速构思"是好的即兴语生成的关键。

即兴语言质量和一个人的思想素质、文学修养、性格特征、语言功力有着密切的关系,不是谁都能一"即兴"就出好语言的。

对话即兴语更富有情趣,如在《实话实说》栏目中,主持人就"厨房里的围裙谁来系"的话题组织讨论,最后每人用一句话表述。其中一位嘉宾说:"只要感情在,谁系围裙都有派!"主持人马上接了一句:"只要感情在,看啥都是菜。"即兴语顺口拈来,反映了说话人的思想、情感和思维反应能力。

第七节　即兴口语表达的方法

即兴口语表达的方法有以下几点。

一、观点鲜明，开门见山

节目主持的话题，或记者的采访，人们都喜欢开门见山，将自己的鲜明的观点告诉大家；同时，也是为了节省时间。主持人的观点不仅要开门见山还要言简意赅。当然，一些话题是需要大家讨论的，主持人不是裁判员，不能一锤定音，但主持人也不能说些模棱两可、左右逢源的话。主持人讲的观点和道理应是综合的，避免片面性。

二、介绍话题的背景

介绍背景是节目主持的常用手法。例如，关于物价，要介绍物价上涨的背景、老百姓对物价上涨的强烈反应等。

中央电视台的许多节目，如《今日关注》等，主持人在节目的开始语之后，说"请看背景材料"，随后切入话题。

三、从回答观众关心的问题谈起

中央电视台早期办过的《为您服务》节目，之所以受欢迎，是因为回答了观众在生活中遇到的各种问题，主持人就是为老百姓排忧解难的。例如，关于买什么样的洗衣机好，主持人沈力的开场白是："很多朋友来信说，现在洗衣机种类比较多，不知道买哪一种好，让我们给参谋参谋。因为我们不了解您家里的具体情况，这个参谋怕当不好，所以就录制了一个节目叫《洗衣机纵横》，向您介绍各类洗衣机的特点。您可以根据自家的情况和条件看买哪种好。"

沈力的这个开场白表明这个节目就是为回答观众提出的问题而设的。

四、从感人的事说起

白岩松在主持《东方之子》的一期节目《学者系列——季羡林》时，在节目的开始先讲了这样一个故事：

> 北大的一位新生到学校报到的那天，在校园里碰到了一位衣着朴素的老人。他以为是校工，便请他帮忙看行李。一个小时以后，他回来了，那位老人在行李旁等着他，他谢谢了老人。第二天的开学典礼上，这位老人出现在主席台上，他就是副校长季羡林。

主持人没有先介绍季羡林的头衔，再说他的学术成果，而是先讲一个生动、感人的故事，一下子抓住了观众的心。

五、用提问的方式切入话题

开篇设疑容易吸引人们的注意，如敬一丹在《我们"认"头脑为产业吗》就以提问的方式开头，别具特色地引出了论题：

> 主意值多少钱？在某种条件下，它可能不值一文，在另外一种情况下呢？它可能价值连城，甚至无法估量。主意是头脑生产的，对于专门生产主意的头脑产业，我们又该怎样估量它的作用呢？我们真该问一下自己：我们"认"头脑为产业吗？

这种方式能很快将观众吸引过来，调动观众参与节目的积极性。

六、勾勒语言轮廓，打好腹稿

语言轮廓，就是即兴语言表达的基本框架；框架主干词是"语点"。腹稿，就是"已经想好但还没写出的文稿"。这里，"已经想好"非常重要，如果你对一个命题没有想好、思路还很乱，那是不可以仓促上阵的。所谓"已经想好"，就是说已经"胸有成竹"了。

即兴口语也是在作"文章",只不过是在现场"描绘"场景。

下面,我们体会一下中央电视台著名节目主持人孟盛楠的即兴口语风格,以加深对"主持人即兴口语"的理解和感受。

孟盛楠的即兴口语风格

孟盛楠,中央电视台节目主持人,毕业于中国传媒大学影视学院影视技术艺术系。

她出生在一个特别注重艺术修养的家庭,这使得她对文学艺术产生了浓厚的兴趣。她勤奋好学,平时,日积月累;关键时,"光芒四射"。她以知性、优雅、大气、沉稳的风格逐渐走进观众视野。

她所学表演专业为她舞台(场合)的节目主持打下良好的基础。

2011年开始,孟盛楠主持《中国文艺》,并逐渐展现她的美貌大方、才华兼备的气质。

她先后主持中央电视台名牌节目《向经典致敬》和《全球综艺秀》节目。

当仔细观察和品味她主持的节目时,你会发觉她的即兴口语能力特别强,她的副语言运用十分充分。她在舞台上,着装得体,落落大方;与人交谈质朴谦和;舞台整体形象:美丽、大方、爽朗、优雅。

她在即兴口语中常用的副语言有如下几种。

(1)微笑:她常常用"微笑"回应对方,表示理解或赞许。她的微笑给人一种亲近美感,笑容迷人。

(2)眼神:她的眼神表达情感强烈而细腻,常是一种"专注"的神态。她常常目不转睛地看着对方的表情或表演。

(3)点头:她对嘉宾的话,或点头,或点点头,或频频点头,给予"回应"。

(4)手势:她从不搞大动作或夸张的手势,表现内敛和稳重。

(5)呼应:她极其热情,"谢谢大家持久的掌声""你给大家亮一嗓儿"。

她在主持节目时说的"话",常常出现富有文采、闪光的语言,提升了节目的品位。这或许有专业撰稿人,但她把"文稿"变成了自己的"腹稿"。在即兴口语中脱口而出、招之即来,表现了一种极强的专业口语能力。

孟盛楠在主持节目时,由副语言相配合的即兴口语表达游刃有余、天衣无缝。她在整体语言表达过程中体现了语音美、声音美、情感美、气韵美、质朴美、节奏美和形神美的特点;同时,显现了她的修养、品质、人格魅力及独特的即兴口语语言艺术风格。

附:播音创作 ABC

A:深入理解——具体感受——形之于声——及于受众。
B:情感丰富——声音可塑——气息自如——技巧娴熟。
C:即兴口语——交流互动——用心播音——用爱传扬。

语言表达技巧歌

喜怒哀乐哭与笑,情感变化真奇妙。
音高音色明与暗,声音弹性真奇妙。
重音语气停与连,表达技巧真奇妙。
抑扬顿挫急与缓,节奏变化真奇妙。
偷气换气推与收,气息控制真奇妙。
讲述评说播与报,语言样式真奇妙。
临场发挥想与说,即兴口语真奇妙。
幽默诙谐表与演,魅力语言真奇妙。

第六章　新闻播音

第一节　消息播音

一、消息的特点

1. 真实性

新闻是新近发生的事实的报道。新闻的真实性指新闻报道中的何时（when）、何地（where）、何事（what）、何因（why）、何人（who）五个要素都必须符合客观事实。

2. 及时性

对新近发生的事实进行报道，要求报道者迅速及时，要求被报道的事实新颖鲜活。

3. 公开性

"报道"指经过大众传播媒介的公开传播，而不是以人际传播的方式传播。[1]

---

[1] 雷跃捷. 新闻理论[M]. 北京：北京广播学院出版社，1997：72.

二、消息的结构

一般来说,消息的结构分为导语、主体和结尾3个部分。主体部分一般是新闻的背景材料,详细说明新闻事实过程。结尾部分一般是导语的呼应。

例稿1:今天是第一汽车制造厂休息日,可全厂到处是火热的劳动景象。广大职工积极参加厂里开展的"滁县日"活动,为安徽省滁县地区农民生产解放牌汽车。

安徽省滁县是宋朝大文学家欧阳修的名篇佳作——《醉翁亭记》中所写的醉翁亭所在地。琅琊山绵延环绕滁县四周,"峰回路转",交通十分不便。

党的十一届三中全会以后,滁县地区是我国比较早实行大包干责任制的地区,农业生产获得连年丰收。1982年粮食产量比1979年增长近一倍。油料产量4年增长4倍多。大量农副产品等待外运,急需运输工具。

第一汽车厂应安徽省委、省政府的要求,决定利用今天休息日,开展一个"滁县日"活动,专门为滁县地区农民在计划外生产汽车200辆。广大汽车工人怀着"多出车、出好车,支援农民兄弟劳动致富"的心情,精心装配,一辆辆海蓝色解放车欢快地开出总装配线。

上午10点钟,第一批50辆解放牌汽车已经装上火车,发往安徽。

例稿1中,第一自然段为导语,第二、第三、第四自然段为主体部分,第五自然段为结尾部分。

导语一般具有5个要素:何时、何人、何地、何事、何果。

例稿2:在青海省互助土族自治县巴扎藏族乡的一个偏僻山村里,最近出了一件震动全省的新鲜事:72岁的老农民、共产党员胡森林为本乡学校捐款6.4万元。青海省人民政府和海东行署分别赠送了写有"功德无量""造福后代"的横匾,褒扬胡森林献巨款资助办学的举动。

胡老汉是采金能手。他住着旧土屋,过着清贫的日子,却把采金所得的大部分收入捐给了学校。他说:"我吃了没文化的苦头,只想娃娃们多念点书,多出几个对国家有用的人才。学校困难多,党和国家眼下拿不出更多的钱。我是个党员,应当为党分忧。"

例稿 2 中,导语的五个要素内容如下。

何人:胡森林。

何时:最近。

何地:青海省互助土族自治县巴扎藏族乡的一个偏僻山村。

何事:胡森林向本乡学校捐款 6.4 万元。

何果:青海省人民政府和海东行署分别赠送写有"功德无量""造福后代"的横匾,褒扬胡森林献巨款资助办学的举动。

三、消息播音的要求

1. 了解稿件背景

新闻主播必须学习党的方针、政策。过去常用的一句话是"吃透上头精神","了解下面情况",做到"心中有数"。这样,在传递新闻信息时,才能更准确、更有分寸感。

2. 重视播音态度

(1)客观性

消息播音应该突出新闻事件的客观性。态度客观是对新闻主播的基本要求。新闻主播必须以稿件为基础,不能过多地表露个人情感。

(2)倾向性

消息报道是有倾向性的,新闻主播应该体现稿件所具有的情感色彩。

四、消息播音的语言样式

1. 宣读式

宣读式消息播音主要用于主席令、公告、通告、讣告、命令、通知、名单、简历、电文等。

宣读式播音的基本要求:照本宣科、郑重宣读,以体现消息的重要性和严肃性。要求情感庄重、声音坚实、气息通畅、逻辑严谨、语音规范、语句规整、色彩丰满、节奏平稳、语速适中。

由于稿件内容、形式不同,宣读式消息播音也存在差异。例如,贺电和讣告就有很大差别,命令和通知也不一样。

2.播报式

播报式新闻播音要理解稿件的精神实质,对稿件中的长句子、难句子快速进行处理。要掌握节奏,声音的高低、语速的快慢、语句的疏密都是在"微调"中进行的。

播报式新闻播音的语言特点:真实准确、吐字清晰、语言流畅、语句工整、节奏明快、声音适中、庄重大方、朴实无华。

3.播说式

重大新闻一般采用宣读式或播报式,而常态新闻、民生新闻适合播说式。

(1)播说式的特点

①庄重性与亲切性相统一。说它庄重,因为它要体现新闻的真实性和严谨性;说它亲切,因为其内容大都是人们关心的新鲜事,特别是民生新闻更要体现与受众的贴近性。

②共性和个性相统一。新闻主播是新闻宣传工作者,又可以个人的身份、角度解读新闻,表达符合稿件内容的情感、态度。例如,中央电视台综合频道的《新闻直播间》和财经频道《第一时间·读报》,其新闻主播的语言都具有播说式的特点。

③语速较快。在语言技巧上"连"多"停"少、快速推进。新闻主播要掌握"提""放"技能。其中,"提"是"突出","放"就是"带过"。

(2)播说式的要求

①细致处理稿件。要对稿件进行细致的处理,包括结构、语序、词语等。如果新闻稿件拿来就播,新闻主播很难进入播说状态、产生播说效果。

②要有交流感。交流感可以增强新闻传播的对象性,实现较好的传播效果。

五、消息播音的情感类型

1.庄重型

常用于播报重大并被人们普遍关注的新闻,如党庆、国庆活动等。播音时,情感饱满、语调高昂、气息稳劲、推进力强。

2. 热烈型

常用于播报庆典活动报道、国家领导人贺电等。播音时,感情饱满、情绪热烈、节奏明快、语气扎实。

3. 平和型

常用于播报一般性新闻。播音时,态度积极、朴实明朗、语言流畅、语调自然。

4. 沉缓型

常用于播报重大灾难报道。播音时,情感悲痛、语调低沉、节奏缓慢。

5. 严肃型

常用于播报批评报道。播音时,态度严肃、观点鲜明、分寸恰当。

6. 客观型

常用于播报国际报道,一般为不表明态度的客观播报。

六、消息播音的提速技巧

1. 语速的制约条件

(1)稿件内容

稿件内容对语速的制约如表6-1所示。

表6-1 稿件内容对语速的制约

内容	情感	语速
重大新闻	高亢	中速
常态性正面消息	热情	中速偏快
批评性稿件	严肃	中速偏慢
重大灾难事故	悲伤	慢速

(2)播出时段

播出时段对语速的制约如表6-2所示。

表 6-2 播出时段对语速的制约

时段	早晨	午间	晚间
语速	中速	中速偏快	中速偏慢

(3) 媒介

广播只用声音传播新闻信息,语速较快。电视声画结合,为配合画面,语速应快慢结合。

(4) 受众

针对青年人的节目,语速偏快;针对儿童、老年人的节目,语速偏慢。

2. 提速的技巧

(1) 打破标点符号的限制,在整体内容的宏观控制和驱动下,少停多连,用语气转折和错落(而不用停顿)来区分层次。

(2) 利用语流的疏密变化,加大层次、段落之间及语句内部的主次对比。[1]

(3) 学会"带过"技巧,将非重要语句一带而过。口腔控制能力要强,使字在"带过"时仍然清晰,而不是含混不清。

(4) 提高叼字能力,使声母的清晰度加强,韵母动程缩短,声调的神韵加强,但调值长度缩短。

(5) 提速"有度"。所谓"有度",就是说听和说的速度都不是可以任意加快的,总有个限制,不能超过让人说得明、听得清的客观极限。有声传播这种方式既受传播者自身思维反应和言语反应能力的限制,也受接受者听视觉反应、思维反应等能力的限制。[2]

七、消息播音中技术性问题的处理

1. 长句子的处理

处理长句子,要通过对稿件的理解,用有声表达将其语法关系准确化,将其内在逻辑联系明朗化,将其语句目的鲜明化。[3] 例如:

---

[1] 高蕴英. 教你播新闻[M]. 北京:中国广播电视出版社,2005:73-77.
[2] 高蕴英. 教你播新闻[M]. 北京:中国广播电视出版社,2005:74-75.
[3] 高蕴英. 教你播新闻[M]. 北京:中国广播电视出版社,2005:60.

加拿大不列颠哥伦比亚省癌症研究院下属的/麦克尔·史密斯基因科学中心的研究人员/经过夜以继日的奋战/终于在 4 月 12 日凌晨完成了/寻找冠状病毒基因排列的实验⌒,率先确定据信是非典型肺炎病原的冠状/病毒的基因序列,这有助于最终找到治疗方法。

　　播读长句子要运用叼字和偷气、换气、就气等技巧,字不要咬得过死,读得过重,要节省气息以便快速推进。

　　2. 数字的处理

　　在播读数字时,不仅要读清楚、读准,更要看到数字在稿件中的色彩。有的稿件中数字较多,如果处处着色,便会使整个消息缺少条理,成为数字的堆砌。在一组数字群中,叼出最重要的数字,用情感、重音等技巧加以突出。例如:

　　据财政部统计,今年上半年国家预算收入完成 34,808.19 亿元,同比增长 33.27%,国家预算支出 22,882.02 亿元,同比增长 27.69%,收支相抵盈余 11,926.17 亿元。上半年财政收入相当于今年全年预算收入 58,486 亿元的 59.52%,财政支出相当于全年预算支出 60,786 亿元的 37.64%。

　　这条消息中的数字较多,这些数字是分层次的、有对比的,要细心研究。

　　3. "在""等""和"的处理

　　(1) "在……下……"句式的处理

　　例如,"在党中央、国务院的正确领导下……""在省委、省政府的亲切关怀下……""在社会主义市场经济条件下……",这里的"在"没有实际意义,没有必要拉长、加重,而是要脱口而出、顺势而下。

　　(2) "等"的处理

　　"等"可以按名词后缀处理,是一个地名、人名。有的主播习惯将"等"放在后面的句子上进行处理,不符合语法要求。

　　(3) "和"的处理

　　"和"一般作为连词使用,在播读时,要把"和"前后的语句连起来。有的主播习惯在"和"之前安排一个小停顿,把"和"读得很重、很长,这不符合语法结构要求。例如:

全省各级政府、普查机构和有关部门必须严格执行国务院制定的一系列方针和政策,任何曲解和干扰普查政策的行为都是不允许的。积极参加人口普查是公民应尽的义务,每个公民都应当如实申报普查项目,做到不瞒报、不漏报、不错报,支持和配合好普查工作。人口过快增长仍是困扰我省经济建设和社会发展的重要因素。

这条消息中有4个"和",应按照语法要求处理。

4. 顿号语句的处理

顿号主要用在并列的词或词组中间。见顿号就停是不了解顿号的作用,严重地破坏了语句的连贯性。例如:

把人口状况搞清楚,对于国家制定人口、教育、就业等政策,具有重要意义。

5. 括号语句的处理

括号内的语句视情况,有的可以播读,而有的可以删掉。例如:

6日,国家食品药品监督管理总局发出通知,要求暂停销售和使用标示为上海医药(集团)有限公司华联制药厂生产的注射用甲氨蝶呤(批号为070403A、070403B,规格5mg)。

第一个括号里的"集团",可以删掉;第二个括号里的文字必须播读,因为这是十分重要的信息。

6. 引语句子的处理

播读引语时需加重语气,速度稍慢一点,加以突出。例如:

安徽省滁县是宋朝大文学家欧阳修的名篇佳作——《醉翁亭记》中所写的醉翁亭所在地。琅琊山绵延环绕滁县四周,"峰回路转",交通十分不便。

第二节 新闻人物特写播音

一、新闻人物特写的特点

新闻人物特写具有以下特点。

1. 新闻性

新闻人物特写一般为近期发生的事件,没有虚构的成分,一般篇幅也比较短。

2. 故事性

事件发生的时间、地点、人物以及事件的来龙去脉,不仅有情节,而且有细节,例如《一株小草》:

> 1985年8月25日,广东省乐昌县发生了百年未遇的特大洪水,他为了完成任务以身殉职了。

3. 生动性

生动、感人是新闻人物特写的关键,例如《一株小草》:

> 那天早晨6点左右,一股迅猛的山洪翻着几米高的浊浪,卷着树枝、庄稼、家畜……沿着武江河滚滚而下,所到之处顿成泽国。

二、新闻人物特写播音的要求

1. 播好题目、开头、高潮点和结尾

(1)题目要先声夺人,例如"一株小草"。一般来说,题目的色彩较浓,表达时,为突出题目,常用延伸法来强调,如"一株——小——草"。

(2)开头要引人入胜。例如,《一株小草》的开篇引用了歌曲《小草》的歌词"没有花香,没有树高,我是一棵无人知道的小草"之后引出人物的名字,点明主题,赞扬小草精神,再引出故事,开篇巧妙。

(3)高潮点要起伏跌宕,例如"'小卢——''亚带——'战友们追着洪水狂奔,呼叫。风在呼啸,水在咆吼,山谷里回荡着战友的悲鸣……"。

(4)结尾要余音未了。还以《一株小草》为例。它的结尾是"啊,只知奉献的小草,又何止这一束",作者用"啊"来抒发感慨,随后发表议论,理中有情、回味无穷。要达到"余音未了"的效果,必须"声已尽,情未了",要缓收。

2. 处理好人物语言

人物语言以神似为主、以声似为辅。声似,是为了区别人物和人物的不同。例如,"小卢——""亚带——","卢"和"带"后有延长音。或是两个人呼喊的,或是多人呼喊的,声音要有变化。

3. 感情要来得快、走得慢

新闻人物特写篇幅都不太长,一般在千字左右。如果感情来得慢,等感情上来了,故事可能就结束了。

感情来得快,播讲愿望强烈,马上进入状态。感情走得慢,使语言表达"到位",避免情感表达"突兀",或给人"短斤少两"的感觉。

4. 有头有尾,前后呼应。

以《颜书记和头号座》为例,故事情节起伏大,起承转合要有变化,扣紧逻辑链条。从"头号位置""没客气过""'座'丢了""上了一顿火",到"希望他重新坐上头号那把椅子",必须"一环扣一环,环环紧相连",顿挫有力,可借用评书的播法。

第三节 评论播音

新闻评论是一种政论性的新闻体裁。一方面它具有政论文的鲜明的特点,即从政治、思想的角度,以说理为主要手段,对一些重大事件和问题进行分析论述。另一方面,它又具有强烈的新闻性。它所评论的对象是当今社会生活中发生的重要的新闻事件、问题或倾向。[1]

一、评论的特点

1. 政策性

评论稿件往往围绕一个时期的各项方针政策或社会现象加以评说,以引导舆论。它是在占有大量材料的基础上,经过分析研究得出的结论。

2. 针对性

评论一般都是针对某个方面的问题,必须有的放矢,而不是空谈议论。例如,《致富路上说养猪》是针对生猪存栏数下降问题进行的评论,《还是要勤俭建国》是针对超前消费、铺张浪费的现象进行的评论。

3. 鲜明性

有明确的态度和观点,赞成什么、反对什么,不能模棱两可。例如,《还是要勤俭建国》从题目看,观点就十分鲜明。

4. 诱导性

评论必须说理,但不是空谈大道理,而是要以理服人。

5. 逻辑性

这是评论写作的重要特点。讲究逻辑,才能论证有力。

二、评论稿件的总体把握

1. 了解写作背景,明确写作目的

背景是评论写作的动因,往往是当前某个方面存在的问题。了解写作背景,才能站得高、看得远,从而做到心中有数、心里有底。

写作评论稿件的目的就是要解决问题、引导舆论。要抓住每篇评论具体的写作目的,就要紧扣中心论点。例如,"还是要勤俭建国",这是中心论点,也是

---

[1] 陈雅丽.实用播音教程第三册——广播播音与主持[M].北京:北京广播学院出版社,2002:159.

写作目的。

2. 把握中心论点,进行逻辑分析

中心论点是评论的主题,是评论文章政治性、思想性、政策性、指导性的集中体现,也是评论文章全部观点的高度概括。抓住中心论点,是深刻理解评论稿件的关键步骤。

分析评论的中心论点、各分论点及它们之间的关系,明确评论文章是怎样提出问题、分析问题和解决问题的。

3. 明确评论性质,把握评论形式

明确矛盾性质是政治问题,还是思想问题;是敌我矛盾,还是人民内部矛盾。

从形式上,要分析是立论还是驳论。立论主要阐明自己的看法和主张,要胸有成竹、语气平稳;驳论要批驳错误主张,针对性较强,语气强烈。

三、评论播音的特点

1. 观点要鲜明

这是评论播音的关键。赞成什么、反对什么、歌颂什么、鞭挞什么,都是通过评论的观点体现的。例如,"还是要勤俭建国",要特别强调"还是",以表明"勤俭建国"过去是立国之本,现在还是立国之本。只有论点鲜明,才能体现评论是"一面旗帜"。

2. 逻辑要严密

评论播音要做到逻辑严密,主要应该解决两个问题:条理清楚,重点突出。要使评论播音做到条理清楚,就要清楚地把握推理和论证的过程。重点突出包括重点和语句重音两个方面的问题。[1]

附:新闻播音技巧歌
  备稿熟稿不可少, (分析理解稿件,克服文字障碍,强化对稿件的记忆)
  长句难句处理好。 (长句停连好,巧偷气,多练习难句)

---

[1] 陈雅丽.实用播音教程第三册——广播播音与主持[M].北京:北京广播学院出版社,2002:159.

准确规范无差错，　（特别是人名、地名、时间、数字等关键词不能读错）
控制语速有技巧。　（重点词语突出、放慢，一般语句加快、带过）
清新流畅又明快，　（语言清澈透明、语流自如）
情感分寸把握好。　（要把情感态度寄寓在新闻事实中）
多连少停有节奏，　（注意语句的完整性，同时又富于变化）
灵气传神播报告。　（精神状态主动、积极，特别在"告"字上下功夫）
声音适中语势扬，　（实声为主，首句抬起，句中波动向上，尾句放慢弱收）
一气呵成为最好。　（新闻信息贯串）
语言样式多样化，　（选择适合的语言样式）
新闻播音有奇招。　（上述口诀就是"招"，要下苦功夫掌握好）

第七章　节目主持

第一节　节目主持类型

一、新闻节目主持

新闻节目主持人最早产生于西方国家的广播电视节目中。第二次世界大战期间,为迅速报道战况,新闻记者用现场报道的方式及时报道新闻事实。美国最早的几位新闻节目主持人有爱德华·默罗(主持过美国哥伦比亚广播公司《这里是伦敦》《现在请看》)、沃尔特·克朗凯特(主持过美国哥伦比亚广播公司《晚间新闻》)、约翰·钱塞勒(主持过美国全国广播公司《每夜新闻》)、丹·拉瑟(主持过美国哥伦比亚广播公司《晚间新闻》)及英国节目主持人杰里米·帕克斯曼(主持过英国广播公司《晚间新闻》《早餐时刻》)等。外国新闻节目主持人大都是资深记者,他们具有良好的新闻素质、顽强的采访作风和娴熟的采访技能、出色的现场报道能力。

我国新闻节目主持起步较晚。下面介绍一些比较有影响的栏目。(1)《新闻周刊》,"将过去七天的中国浓缩在一本45分钟的电视新闻杂志里""我们追求的是希望做一本有理想、有责任感、有尊严、能够记录历史的新闻杂志""不仅对本周新闻回顾,更是对焦点新闻的评说"。主持人:白岩松。(2)《对话》,"折射经济社会的最新动向,展示对话者的个人魅力,成了全球经济发展的重要力量"。主持人:陈伟鸿。(3)《新闻1+1》,"从时事政策、公共话题、突发事件等大型选题中选取当天最新、最热、最快的新闻话题,还原新闻全貌,解读事件真相,呈现最质朴的新闻"。主持人:白岩松、董倩。(4)《中国舆论场》,是国内首档"融媒体"新闻评论节目,"最新舆情,最热话题,明辨是非,凝聚共识"。主持人:王世林、鲁健、王端端等。(5)《深度国际》,"国际新闻深度报道,对国际新闻事实做深层次剖析"。主持人:栗忠民、吴鹏。(6)《中国之声》,是中国广播界最具权威性和影响力的、唯一能覆盖全国的广播节目,中国新闻广播第一品牌。主持人:青音、梓君、张蕾、于芳、郭静等。

新闻节目主持人凭借自己的人格魅力、专业能力和语言功力使节目主题鲜明、入情入理、耐人寻味。

新闻节目主持的栏目往往需要主持人与记者、策划、编辑共同完成。

二、综艺节目主持

1. 概念

综艺节目指综合娱乐节目。它涉及内容广泛,凡娱乐艺术的内容几乎无所不包。综艺节目是所有节目中娱乐价值最高的节目,以变化多端的内容、新颖有趣的表现方式、缔造美善相融的境界,娱乐人生、启示人生。

综艺节目主持要具备以下5个条件:(1)要有主持人;(2)要有场地(场合);(3)要有话题;(4)要有交流;(5)要与嘉宾和观众互动。

2. 节目主持要求

(1)强烈的感情投入

综艺节目主持人需要酝酿、爆发感情,从而使观众获得情绪的感染、身心的愉悦。中央电视台主持人倪萍之所以得到广大观众的好评,就是因为她主持节目时投入了强烈的感情。1998年以来,初露锋芒的朱军,以他精彩的台词表演和强烈的感情投入而一举成名。汶川地震这一时期的新闻可以说是非常态新闻。主持人在镜头前流泪,是特殊报道时情感的流露,是与节目及内容融合在一起,并与观众的感情紧贴在一起的。

（2）具有迅速地将规定语转化为即兴口语的能力

一些大型综艺节目离不开由专人撰写的文稿，主持人要将文稿"背"下来作为"腹"稿，在主持节目时表达出来。有的节目很长，规定语也很长，主持人必须一字不差地记住，毫无"念"稿痕迹地表达出来。这是主持人应具备的语言功力。

（3）机敏的应变能力和现场调控能力

在综艺节目中，在主持人与嘉宾、观众的互动过程中，会出现不可预知的情况，这时就需要主持人具有机敏的应变能力和现场调控能力。杨澜在谈到这一点时，深有体会地说："主持人应该引导、控制场上气氛，而不应该被节目牵着走。因此，我总想以最快的速度把握住现场出现的契机，总希望自己在场上能够一直保持一种可以随机应变的兴奋情绪。"

（4）副语言的运用

综艺节目主持是舞台艺术，主持人要充分运用副语言，特别是面部表情和手势动作。主持人巧妙得体的副语言能起到调节现场气氛或给人以美感的作用和效果，但要避免过分的渲染和夸张的表情。

三、社教服务节目主持

1. 特点

（1）知识性

普及、传播知识是社教服务节目的首要任务，因此知识性是社教服务节目的首要特点。

（2）对象性

在类型化和分众化的传播背景下，社教服务节目的对象性特征更加突出。例如，《鲁健访谈》节目主要访谈专家、学者、艺术家。

（3）服务性

社教服务节目与受众的需求紧密相关，强化并突出服务性。例如中央电视台的《健康中国》。

2.节目主持要求

(1)找准节目定位

主持人必须确定节目特定的服务对象,并针对这一特定受众群体的用语特点、接受心理、欣赏习惯进行广泛细致的了解,以期在节目中与受众达到交流的默契,全面实现节目的宗旨与意图。

(2)强化服务意识

社教服务节目的内容与受众的日常生活息息相关。主持人应从受众的角度出发,强化服务意识,既要向受众提供有价值、有内容的服务,又要让受众得到崇高的审美享受。

(3)注重知识讲解

社教服务节目的特点决定了主持人必须涉猎一些专业性较强的知识领域,有的需要一般性的了解与掌握,有的则需要近乎专业性的学习。主持人要综合运用各种表现手法,激发受众的兴趣,使受众乐于、易于接受知识。

第二节　节目主持的基本特征与技巧

一、节目主持的基本特征

1.个性与共性的统一

主持人的共性指主持人自身应该具备的思想素养、知识素养、职业素养、心理素养等;主持人的个性指主持人在长期主持节目中培养形成的独特的个性。白岩松的理性沉稳、崔永元的幽默睿智、董卿的亲切热忱,都是在长期的主持艺术实践中形成的独特风格。节目主持是共性与个性的统一,二者缺一不可。

2.记忆稿件与即兴表达的统一

主持人应在记忆稿件的基础上,对稿件进行加工和创作。随着节目现场情况的不断变化,主持人也需要即兴表达,拉近与受众之间的距离,与受众进行交流与互动。

记忆稿件能力是主持人的基本功,同样,即兴表达能力也是主持人的基本功。把两者结合起来,主持人的节目主持将如虎得翼、游刃有余。

3. 对象感与交流感的统一

"对象感使我们播音时思想感情一直处于运动状态;在播音中流露出与设计的对象相符合的态度、语气、眼神、姿态。""对象感是有声语言创作主体(即传播者)必要和重要的核心元素。"①

例如,在灾区贫困儿童捐款晚会《为了母亲的微笑》中,主持人周涛在讲述灾区儿童生活状态时,动了真情,她的眼泪在眼圈里打转,感动了在场和电视机前的所有观众。她和观众的感情已深深地交融在一起了。

主持人与嘉宾形成对角关系,他们又与现场观众形成三角关系,与所有受众形成群角关系(如图7-1所示)。

图7-1 主持人、嘉宾、现场观众与受众的关系

二、节目主持技巧

1. 调动情绪,烘托气氛

主持人要善于调动参与者的情绪,烘托现场气氛。主持人强烈的情感投入,是调动参与者情绪的前提。高涨的情绪和热烈的气氛要有起有落,落而不"冷"、起而不"狂"。气氛是人的心理要求,情绪是人的精神反映。主持人要全身心地"调动"气氛和"烘托"情绪,使整个场面热血沸腾。

---

① 张颂.播音创作基础(第三版)[M].北京:中国传媒大学出版社,2011:79.

2. 机智敏捷,随机应变

(1)引导:当访谈对象不理解所提问题时,主持人要对其进行引导。

(2)提示:当访谈对象回答问题不全面时,主持人要对其进行提示。

(3)打断:当访谈对象回答问题啰唆、跑题时,主持人要巧妙地打断他。

(4)回绝:对不便解释、不能回答的问题,主持人应拒绝回答。

(5)选择:当多个访谈对象回答同一问题时,主持人要进行选择。

3. 驾驭场面,控纵有节

(1)形声吸引法

如果主持人形象美、声音美、风度美,那么主持人一出场,就吸引了现场观众,就控制了场面。

(2)静视观众法

主持人凝视着来宾、观众。这与形声吸引法相结合,使主持人一开始就控制了场面。在节目主持过程中,当观众的注意力有些分散时,可以采用静视观众法,重新控制场面。

(3)反复呼应法

每介绍一位嘉宾时,都说:"欢迎您!欢迎您!"对参与者,反复呼应:"朋友们,观众朋友们!"对回答问题或表演节目的演员,说:"××,有请!"结束时,说:"××,谢谢!谢谢您了!"

(4)变换节奏法

当现场气氛热烈时,主持人要用快节奏的语言和动作烘托气氛,但又不使场面失去控制;当现场气氛低迷时,主持人要善于将观众的热情重新调动起来,用变换的节奏控制全场。

(5)走场穿插法

主持人在主持节目时,需要台上走场和台下走场。这种走场是节目内容和形式的需要,也是主持人驾驭场面的需要。比如,从台上的这一边走到那一边、退到后边又走到前边、走到嘉宾前或走到观众中。主持人走场穿插动作要敏捷,不能在某一点上停留时间过长,要迅速回到控制全场的位置上。

(6)频繁互动法

频繁互动使现场气氛热络,高潮迭起,时不时地迸出"火花",语言容量大增。频繁互动使主持人与现场观众精神紧绷,减少"垃圾"语言。

第三节　节目主持用语

一、开场语(片头语)

开场语可以有多种形式,如直言开场、以事开场、激情开场等。谈话类节目以前两种为主,综艺节目以后一种为主。谈话类节目通常有一个固定的开场语。例如,中央电视台《焦点访谈》的开场语"用事实说话",点明了节目的宗旨。

二、呼应语

呼应语不仅用于节目的开头和结尾,也用于节目进程中。呼应语分为常用呼应语和特定呼应语。常用呼应语指并不针对某一特定人物的呼应语,如"听众朋友们""观众朋友们"。在节目进程中,也可以使用呼应语。特定呼应语指针对某一特定人物的呼应语。例如,《空中之友》节目主持人徐曼主持的一期节目中,她多次用"给我来信的那位小妹妹"做呼应,拉近了主持人与受众之间的距离。

呼应语也常在节目开启时使用。例如,"每天都有新闻事件发生,您所关心的,正是我们所关注的。中央电视台中文国际频道《今日关注》"。

三、串联词

串联词是连接一期节目各个组成部分的话语,起着承上启下、衔接转换的作用。串联词的内容,可以揭示节目不同组成部分的内在联系,可以开门见山地直接介绍、引出下面的节目内容,也可以对刚播过的内容做简单议论。它能显示节目编排意图,能引导受众的注意力,能提示情绪的转变。①

---

① 吴郁. 主持人的语言艺术[M]. 北京:北京广播学院出版社,1999:313.

四、交流语

交流语在谈话类节目主持中被大量使用，是节目主持过程中最基本的语言形式。交流要围绕主题、节目进行。有时，交谈融洽时，也会有幽默语。例如，《实话实说》栏目，崔永元："我从不以容貌取人，今天就取笑一把。从你的形象中看，像好欺负人的，是吗？"李琦（演员）："有过那么一段，在中学时，我好动，看到电线杆子都想踢两脚。"（笑声）

五、互动语

互动语是主持人调动现场气氛和观众情绪的手段。主持人常用"好不好？""对不对？""行不行？"等问答方式与现场观众进行交流与互动。例如，《我要上春晚》节目，主持人董卿对着现场观众呼喊："我要上春晚，你看行不行？"观众挥动着手中的彩棒齐声高呼："行！行！行！"但互动场面不能过多，否则会影响节目进程。

六、应变语

即兴发挥，临场应变，是整台节目的"眼睛"。主持人要有极强的应变能力，做到妙语服人，出口成趣。

应变语是主持人面对"挑战者"和突发情况时的即兴应急语。

七、结束语

结束语是节目结束时主持人的话语，用于告知受众节目结束。一般用"感谢收听""感谢收看""再见""祝您晚安"。有的固定节目用"待会儿见""明天同一时间我们再会"等。谈话类节目的结束语多以概括性语言为主，而综艺类节目多以热烈抒情的表达结束节目，给人以余音未尽之感。

第八章　诗歌与散文朗诵

第一节　诗歌朗诵

一、诗歌的特征

1. 高度集中

诗人总是选取生活中最富特征、最典型的事物，将丰富的生活内容和思想感情高度浓缩，通过描写典型事物的形象特征，表现更广阔的社会生活。

2. 抒情言志

诗言志，志即作者的思想、志趣和愿望。诗歌的抒情性极强，包含着作者丰富而强烈的思想感情。

3. 想象丰富

想象是诗歌创作的基本元素，没有想象就没有诗歌。诗歌不仅要有丰富的思想感情，还要将思想感情与作品描绘的形象融为一体，通过生动优美的形象感染读者。这就需要诗人运用丰富的想象，从而突破物我之间、时空之间的界限，最大限度地表现自身的心灵感受和丰富情感。

4. 意境优美

诗歌的意境指诗歌创作所达到的情景交融的思想和艺术境界,是通过对于富有特征的事物的描绘,与诗歌内在的意境有机地结合而创造出来的情景交融、含义深远的生活画面。

5. 韵律和谐

韵律指诗词中的平仄格式和押韵规则。诗歌语言的音乐性特点,是与诗歌的韵律分不开的。

二、诗歌朗诵的要求

1. 表现诗意,为我心声

朗诵者要把作者的心声,变成自己的心声,将作者的态度、愿望、追求和情感变成自己的态度、愿望、追求和情感。从某种意义上说,朗诵者对作品的感受、理解有多深,表现作品的诗意就有多深。当然,对作品理解的深浅与朗诵者的学识、阅历、艺术修养等诸多因素相关。

2. 感情真挚,抒情强烈

(1)直接

诗歌是通过某个最富有特殊意义的生活片段来表达、抒发诗人的思想感情,因此诗歌对社会生活的反映较为直接、集中和概括。直接抒情是诗歌朗诵的特点之一。

(2)迅速

诗歌一般较短,少则几行,多则一二十行。这一特点要求朗诵者的感情来得快、走得慢;否则,感情还没有调动起来,朗诵已经结束了。

(3)强烈

一是诗作本身要求强烈的情感表达,如海涅的《西里西亚的纺织工人》;二是诗作较为含蓄,节奏较为舒缓,但内在情感仍然是强烈的,如余光中的《乡愁》。朗诵这类诗歌时,应适当控制声音的强度,但内在情感始终是强烈的。

"强烈"不是"高喊"。诗歌朗诵切忌夸张表演。

3. 悠扬和谐，富有韵味

韵味是诗歌朗诵的重要特点，也是与其他有声语言表现形式的重要区别。朗诵时，应运用"枣核形"的吐字归音，注意声音的圆润和丰满。一般来说，在双句押韵时，双句韵味较浓，诗作结尾句韵味更浓，如齐越朗诵的诗《梅岭三章》。

4. 把握基调，控纵全篇

所谓基调，指朗诵者体现和表达诗篇的基本情感，如高亢型、热烈型、舒展型、愤怒型、奔放型、沉缓型、温柔型、亲切型、悲壮型、忧伤型。一般来说，奔放型的节奏偏快，亲切型、忧伤型的节奏稍慢，热烈型节奏适中。情感类型不同，在声音运用上要有高低、明暗、强弱的变化。"控纵"是说情感的抒发要可控，要留有余地。

三、诗歌朗诵注意的问题

1. 选材

(1) 选择反映现实生活、具有教育意义和欣赏价值的作品。
(2) 选择易于抒发和表现情感的、朗朗上口的作品。
(3) 选择适合自己性格、声音特点的作品。
(4) 选择自己能驾驭得了、把握得住的作品。

2. 背景

文学作品都是在特定时代产生的。理解作品就一定要结合作品的创作背景，要把握作者的人生经历和诗歌的创作背景，具体感受作者所要表达的思想感情和创作目的。

3. 态度

指朗诵诗歌作品时的创作立场和态度。要准确把握和体现作者的创作意图，深刻地表现作品的主题思想。要表现作品，而不是表现自己；要欣赏作品，而不是自我欣赏。舞台朗诵忌讳"要掌声"。

4. 动作

主要指手的动作。手一般自然下垂，或缓缓抬起。手势不要过多，要少而精当。身板挺直,脚稍有前后,不宜走动。

5. 形式

诗歌朗诵的形式可以分为单人朗诵、双人朗诵、多人朗诵,一人或两人领诵。

第二节　散文朗诵

一、散文的特征

1. 语言优美凝练

所谓优美,指散文的语言清新明丽、生动活泼、富于音乐感,行文如涓涓流水、叮咚有声,如娓娓而谈、情真意切。所谓凝练,是说散文的语言简洁质朴、自然流畅,寥寥数语就可以描绘生动的形象、勾勒动人的场景、显示深远的意境。散文力求写景如在眼前、写情沁人心脾。

2. 形散神聚

"形散"主要是说散文取材十分广泛自由,不受时间和空间的限制;表现手法不拘一格,可以叙述事件,可以描写人物形象,可以托物抒情,可以发表议论。"神聚"主要是从散文的立意方面而言,即散文所要表达的主题必须明确而集中,无论散文的内容多么广泛、表现手法多么灵活,都是为表达主题服务。例如巴金的《愿化泥土》,跳跃性很强,但字里行间都表达了对家乡的无比眷恋,以及对祖国、对人民深沉的爱。

3. 形式多样,表现自由

散文内容丰富、题材广泛,表现形式自由灵活。散文既不受时间限制,也不受空间限制,前可以远涉古代,后可以跨及未来,天南地北、宇宙空间,都可以包括其中。

散文常用的表现手法有抒情、记叙、议论和说明。例如,茅盾的散文《白杨礼赞》,文章开头记叙和描写了汽车在黄土高原上奔驰所看到的黄土高原的外貌,用抒情和议论点明了白杨树的象征意义。

二、散文朗诵的要求

1. 抒情性散文

抒情性散文以抒情为主,着重抒发作者的思想感情。朗诵抒情散文,要抓住抒情的特点,在抒情上下功夫。朗诵者要运用想象进入意境,如见其人、如闻其声、如临其境。感情的真挚和饱满是朗诵抒情散文的基本要求,要以情带声、以声传情、声情并茂。例如朱自清的散文《春》,通过对春天万物复苏的描写,表达对春天的赞美:

盼望着,盼望着,东风来了,春天的脚步近了。一切都像刚睡醒的样子,欣欣然张开了眼。山朗润起来了,水长起来了,太阳的脸红起来了。

小草偷偷地从土里钻出来,嫩嫩的,绿绿的。园子里,田野里,瞧去,一大片一大片满是的。坐着,躺着,打两个滚,踢几脚球,赛几趟跑,捉几回迷藏。风轻悄悄的,草绵软软的。

在我们的眼前,展现了一幅清新、美丽、情趣盎然的春意图。有声音、有动作、有颜色,好像听到脚步声、看到满眼的绿色、闻到泥土的芳香。

2. 记叙性散文

朗诵记叙性散文首先要抓住线索,把握记叙脉络,突出作品主题。例如,屠格涅夫的散文《麻雀》有两条叙事线索,一条是猎狗看到小麻雀后的表现,另一条是老麻雀保护小麻雀的举动,从而赞扬了世间最崇高的情感——爱。

3. 议论性散文

议论性散文选材比较广泛,结构比较灵活,往往寓情于理,在抒情中体现深刻的哲理。例如《人生是一种境界》,文章开头就有情有理:

我们的第一声啼哭,就暗示了世道的艰难。因此,我们不能不凭借自己的双脚,在这个世界上跑来跑去。

既然我们无法抓着自己的头发升上天空,那么,我们倒不如深情地低下头,挥去天边那诱人的彩霞,热恋我们脚下的那一方实实在在的土地。

朗诵议论性散文,要有分寸感和节奏感。在散文的起承转合处,节奏变化可以明显一些。例如,"我们不能不凭借自己的双脚"语气肯定、速度加快,之后有一个明显的顿挫;"在这个世界上跑来跑去",速度放缓、收住;"我们倒不如深情地低下头"(舒缓),"挥去天边那诱人的彩霞"(扬起、抬高、加重),"热恋我们脚下的那一方实实在在的土地"(含蓄、放缓)。

4. 说明性散文

朗诵说明性散文,语气应平和。在理解作品的基础上,表现语言的深刻和严谨。例如,《中国的宝岛——台湾》的片段:

> 台湾岛上的山脉纵贯南北,中间的中央山脉犹如全岛的脊梁。西部为海拔近四千米的玉山山脉,是中国东部的最高山峰。全岛约有三分之一的地方是平地,其余为山地。岛内有缎缎般的瀑布,蓝宝石似的湖泊,四季常青的森林和果园,自然景色十分优美。西南部的阿里山和日月潭,台北市郊的大屯山风景区,都是闻名世界的浏览胜地。

这一段中有大量描写的成分,避免了说明的平直。朗诵时,要表达文中基本的语句链条,给人以流畅之感。

总的来说,散文朗诵情感表达要轻柔化,人物语言要写意化。人称"散文"为"美文"是有一定道理的。

第九章　普通话语音训练

第一节　绕口令

绕口令训练的目的是训练唇舌的灵活度。练习时可以快读，也可以慢读，以快读为主，但要吐字清晰，不能吃字，不能含混不清。快而清是绕口令训练的基本要求。

一、声母

八百标兵(b、p)

八百标兵奔北坡，
炮兵并排北边跑。
炮兵怕把标兵碰，
标兵怕碰炮兵炮。

八棵白果树(g)

白八老爷门前栽了八棵白果树，
打北边来了八个白八哥，

八个白八哥落在八棵白果树上。
白八老爷拿了八个巴达棍,
要打八个白八哥,
不知白八老爷打了八棵白果树,
还是打了八个白八哥。

哥挎瓜筐过宽沟(g、k)

哥挎瓜筐过宽沟,
赶快过沟看怪狗。
光看怪狗瓜筐扣,
瓜滚筐空哥怪狗。

牛郎恋刘娘(n、l)

牛郎年年恋刘娘,
刘娘连连念牛郎。
牛郎恋刘娘,
刘娘念牛郎,
郎恋娘来娘念郎。

朱家一株竹(zh、ch、sh、r)

朱家一株竹,竹笋初长出。
朱叔处处锄,锄出笋来煮。
锄完不再出,朱叔没笋煮。
竹株又干枯,朱叔痛苦哭。

四是四,十是十(sh、s)

四是四,十是十,
十四是十四,四十是四十,
谁能说准四十、十四、四十四,
谁来试一试。
谁说十四是四十,就打谁十四,
谁说四十是细席,就打谁四十。

二、韵母

满山遍野是红旗(i)

一二三四五六七,
七六五四三二一,
六五四三二一,
五四三二一,
四三二一,
三二一,
二一,
一个一,
一个一个数不尽,
满山遍野是红旗,
红旗插进咱山寨,
山寨辗转展红旗。

学语言用语言(ü)

学语言,用语言,
学好语言说话不费难。
播音员学语言,说话亲切又自然。
演员学语言,台词传得远。

长扁担,短扁担(an)

长扁担,短扁担,
长扁担比短扁担长半扁担,
短扁担比长扁担短半扁担。
长扁担捆在短板凳上,
短扁担捆在长板凳上。
长板凳不能捆比短扁担长半扁担的长扁担,
短板凳也不能捆比长扁担短半扁担的短扁担。

一座棚傍峭壁旁(ang)

一座棚傍峭壁旁，
峰边喷泻瀑布长。
不怕暴雨瓢泼冰雹落，
不怕寒风扑面雪飘扬。
并排分班翻山攀坡把宝找，
聚宝盆里松柏飘香百宝藏。
背宝奔跑报矿炮劈山，
篇篇捷报飞伴金凤凰。

吐字归音歌(综合)

学好音韵辨四声，
阴阳上去要分明。
部位方法要找准，
开齐合撮属口形。
双唇班报必百坡，
舌尖当地斗点丁，
舌根高狗工更固，
舌面积结教尖精，
翘舌主争真志照，
平舌资则早在增，
擦音发翻飞分复，
送气茶柴产彻称，
合口苏武枯壶古，
开口河坡哥安争，
撮口虚学寻徐剧，
齐齿衣优摇叶英，
前鼻恩因烟弯稳，
后鼻昂迎中英生，
咬住字头归字尾，
不难达到纯和清。

第二节 贯 口

贯口本是曲艺演员语言训练常用的一种手段。贯口训练要求：(1)吐字清晰，特别是叼字能力要好；(2)训练气息控制能力，说得再快也不能吃字，不能有喘气声；(3)训练一口气说得越多越好，使气息长久、耐用；(4)善于偷气和换气，使语流行进中的语言自然和流畅。

报花名

红牡丹、白牡丹、粉红牡丹、芍药、玫瑰、蔷薇、木槿、米兰、昙花、樱花、桂花、茶花、金银花、金盏花、金芙蓉、月季花、鸡冠花、凤仙花、杜鹃花、喇叭花、玉簪花、玉兰花、玉蝉花、燕子花、蝴蝶花、天女花、八仙花、海棠花、海桐花、蜡梅花、太平花、石榴花、石楠花、石菖蒲、十样锦、夹竹桃、美人蕉、美人花、虞美人、洋绣球、晚香玉、百里香、满天星、一品红、千日红、月月红、满堂红、紫丁香、紫茉莉、紫罗兰、紫藤萝、水浮莲、子午莲、菖蒲莲、并蒂莲、西番莲、蟹爪兰、半枝莲、半边莲、仙人掌、仙人鞭、仙人球、仙客来、春兰、蕙兰、剑兰、珠兰、马兰、君子兰、一叶兰、夏菊、翠菊、洋甘菊、墨菊、藤菊、雏菊、千日菊、佛头菊、金鸡菊、万寿菊……

报菜名

蒸羊羔、蒸熊掌、烧花鸭、烧子鹅、卤猪、卤鸭、酱鸡、腊肉、松花小肚儿、凉肉、香肠、熏鸡白肚儿、清蒸八宝鸭、罐儿野鸡、罐儿鹌鹑、烩鸭丝儿、烩鸭腰、烩鸭条儿、清拌鸭丝儿、焖黄鲤、焖白鳝、豆腐鲶鱼、清蒸甲鱼、抓炒鲤鱼、抓炒面鱼、软炸鸡、炸白虾、炸面鱼、炝青虾、炝竹笋、芙蓉燕菜、炒虾仁儿、烩虾仁儿、烩银丝儿、烩鸽蛋、炒蹄筋儿、蒸南瓜、炒丝瓜、焖鸡掌、熘鲜蘑、熘鱼肚儿、醋熘鱼片儿、三鲜首蓿汤、红丸子、白丸子、南煎丸子、干炸丸子、三鲜丸子、四喜丸子、葱花丸子、豆腐丸子、一品肉、红焖肉、白片肉、樱桃肉、米粉肉、坛子肉、炖肉、松肉、烤肉、酱肉、酱豆腐肉、烧羊肉、涮羊肉、五香羊肉、煨羊肉、爆三样儿、清炒三样儿、三鲜鱼翅、红烧鲤鱼、童子鸡……

新闻主播和节目主持人可多训练报地名和报人名。

报地名

第29届奥林匹克运动会奖牌榜的国家和地区

中国、美国、俄罗斯、英国、德国、澳大利亚、韩国、日本、意大利、法国、乌克兰、荷兰、牙买加、西班牙、肯尼亚、白俄罗斯、罗马尼亚、埃塞俄比亚、加拿大、波兰、匈牙利、挪威、巴西、捷克、斯洛伐克、新西兰、格鲁吉亚、古巴、哈萨克斯坦、丹麦、蒙古、泰国、朝鲜、阿根廷、瑞士、墨西哥、土耳其、津巴布韦、阿塞拜疆、乌兹别克斯坦、斯洛文尼亚、保加利亚、印度尼西亚、芬兰、拉脱维亚、比利时、多米尼加、爱沙尼亚、葡萄牙、印度、伊朗、巴林、喀麦隆、巴拿马、突尼斯、瑞典、克罗地亚、立陶宛、希腊、特立尼达和多巴哥、尼日利亚、奥地利、爱尔兰、塞尔维亚、阿尔及利亚、巴哈马、哥伦比亚、吉尔吉斯斯坦、摩洛哥、塔吉克斯坦、智利、厄瓜多尔、冰岛、马来西亚、新加坡、南非、越南、亚美尼亚、阿富汗、埃及、以色列、毛里求斯、摩尔多瓦、多哥、委内瑞拉

报人名

中国共产党第二十届中央委员会委员

丁学东、丁薛祥、万立骏、习近平、马兴瑞、马晓伟、王宁、王凯（河南）、王凯（解放军）、王勇、王浩、王强、王鹏、王毅、王小洪、王广华、王仁华、王文全、王文涛、王予波、王正谱、王东明、王伟中、王志军、王秀斌、王沪宁、王君正、王忠林、王受文、王春宁、王莉霞（女，蒙古族）、王晓晖、王祥喜、王清宪、王蒙徽、巨乾生、毛伟明、尹力、尹弘、巴特尔（蒙古族）、艾尔肯·吐尼亚孜（维吾尔族）、石泰峰、叶建春、冯飞、曲青山、任振鹤（土家族）、庄荣文、刘宁、刘伟、刘小明、刘发庆、刘青松、刘国中、刘金国、刘建超、刘俊臣、刘振立、刘海星、齐玉、许勤、许昆林、许学强、孙金龙、孙绍骋、阴和俊、严金海（藏族）、李屹、李伟、李希、李强、李干杰、李小新（女）、李凤彪、李书磊、李玉超、李乐成、李邑飞、李国英、李炳军、李桥铭、李晓红、李鸿忠、杨诚、杨志亮、杨学军、肖捷、肖培、吴汉圣、吴亚男、吴政隆、吴晓军、何卫东、何立峰、何宏军、邹加怡（女）、应勇、汪海江、沈春耀、沈晓明、沈跃跃（女）、怀进鹏、张工、张军（最高检）、张林、张又侠、张升民、张玉卓、张庆伟、张红兵、张宏

森、张雨浦（回族）、张国清、陆昊、陆治原、陈刚、陈旭（女）、陈一新、陈小江、陈文清、陈吉宁、陈敏尔、努尔兰·阿不都满金（哈萨克族）、苗华、林武、林向阳、易会满、易炼红、罗文、金壮龙、金湘军、周强、周乃翔、周祖翼、郑栅洁、郑新聪、孟凡利、孟祥锋、赵龙、赵刚、赵一德、赵乐际、赵晓哲、郝鹏、胡中明、胡玉亭、胡昌升、胡和平、胡春华、胡衡华、钟绍军、信长星、侯凯、侯建国、俞庆江、俞建华、贺荣（女）、贺军科、秦树桐、袁华智、袁家军、铁凝（女）、倪虹、倪岳峰、徐麟、徐西盛、徐忠波、徐起零、徐德清、殷勇、高翔、高志丹、郭普校、唐登杰、黄铭、黄强、黄守宏、黄坤明、黄建发、黄晓薇（女）、龚正、常丁求、庹震、梁言顺、梁惠玲（女）、谌贻琴（女，白族）、董军、韩俊、韩文秀、景俊海、程丽华（女）、傅华、童建明、谢春涛、蓝天立（壮族）、蓝佛安、楼阳生、雷凡培、慎海雄、蔡奇、蔡剑江、裴金佳、潘岳。

分析与提示：中国人的名字一般由两个字或三个字组成，最后一个字多为高平调或高升调，使名字听起来有一种向上扬起的感觉。而三字或两字词的格式多为中中重或中重。即使读一连串的人名，每个人名也必须遵照这约定俗成的格式。没有重轻的格式，个别人名用相同的字，如亮亮、月月、丽丽等，一般为重中中的格式。还有，读人名时，每个人名之间的停顿时间几乎都是相同的，而不能或长或短，以免产生误解。即使播读上百人的名字，也要像一口气儿读完的一样，没有偷气、换气的痕迹。这需要过硬的语言基本功才能做到。

外国新任驻我国大使（2024）

新加坡驻华大使陈海泉、意大利驻华大使安博思、阿联酋驻华大使哈马迪、尼加拉瓜驻华大使坎贝尔、乌克兰驻华大使里亚比金、伊朗驻华大使巴赫蒂亚尔、格林纳达驻华大使马岩、突尼斯驻华大使阿拉比、古巴驻华大使白诗德、比利时驻华大使安博宁、赞比亚驻华大使齐乌卢、瑞典驻华大使欧思诚、波斯尼亚和黑塞哥维那驻华大使贝尔扬、波兰驻华大使古天卫、科威特驻华大使纳吉姆、赤道几内亚驻华大使奥巴马、卢森堡驻华大使卢睿朗、厄瓜多尔驻华大使科尔多瓦、洪都拉斯驻华大使蒙卡达、阿塞拜疆驻华大使胡赛诺夫、坦桑尼亚驻华大使奥马尔、肯尼亚驻华大使贝特、哥斯达黎加驻华大使奥尔图诺、牙买加驻华大使威廉姆斯、阿尔及利亚驻华大使拉赫桑、罗马尼亚驻华大使马克西姆、马来西亚驻华大使诺曼、巴基斯坦驻华大使哈什米、塞拉利昂驻华大使卡里姆、东帝汶驻华大使罗瑞、白俄罗斯驻华大使切尔维亚科夫、阿富汗驻华大使卡里米、老挝驻华大使宋蓬、玻利维亚驻华大使西莱斯、日本驻华大使金杉宪治、保加利亚驻华大使特霍夫、所罗门群岛驻华大使萨拉托、斐济驻华大使李振凡、布基纳法索驻华大使毕达伍、捷克驻华大使托姆乔、澳大利亚驻华大使吉思德、亚美尼亚驻华大使格沃尔克扬。

分析与提示：一般来说，国名都比较熟悉，播报时不易错。相比之下，外国人名不大好读。要把注意力放在人名上。在播报一组国名和人名，如"新加坡驻华大使陈海泉"时，"陈海泉"是主要重音，"新加坡"为次要重音，"驻华大使"可在读清楚的基础上一带而过。这42个国名和人名的组合之间稍有停顿，时长几乎完全相等，并一气呵成。

第十章　主持人即兴口语训练

第一节　常规训练

一、智力题的问答和抢答训练

有利于提高人们的思维能力，不一定都是逆向的，有时是多向的，即从不同角度进行换位思考，得出不同的结论，使语言表达更鲜活，现场气氛更热烈。

请听题：

"你以后不能笑！"（为什么？）"你笑我们就得哭，就得死！"（他对谁吼，为什么？）（对大海吼——海啸）

1＋1＝？（脑筋急转弯。1＋1＝11）

电视剧《西游记》的"敢问路在何方"是谁唱的？（猪八戒）

哪个城市只有春天，没有夏天、秋天和冬天。（长春）

自己编智力题，脑筋急转弯题更好，并在一定场合，面对观众表达出来。语言要鲜活，副语言要充分，出题要有神秘感，解题要有幽默感，语言要有表现力。

二、口头复述、口头描述与即兴评述训练

1. 口头复述

用口头叙述的方式重复看过的稿件内容,或重复听到的消息、故事等。

2. 口头描述

通过对人、事、物、景的观察,用形象的语言对其进行描绘的一种表达方式。

赵忠祥的《动物世界》《人与自然》的解说,表现了他游刃有余地描绘事物的能力。他的描绘把人与动物、人与自然真真切切地融为一体了。

3. 即兴评述

评述,即有评有述。一般叙述在先、评论在后。在叙述所见所闻之后,谈出所感,即对该事物加以评论。它的特点是夹叙夹议、评述结合,具有综合性特点。即兴评述一般较为简短,准备的时间也不长。

· 口头复述训练稿:

这一处的缺点,以另一处的优点补足

一位农夫有两个水桶,他每天用扁担挑着去河边打水。

两个水桶中有一个有裂缝,每次到家时都会只剩半桶水。这样,两年来,农夫每次只能从河里担回家一桶半水。

完整无缺的桶很为自己的完美无缺得意非凡,而有裂缝的桶自然为自己的缺陷和不能胜任工作而羞愧。一天在河边,有裂缝的桶终于鼓起勇气向主人开了口:"我觉得很惭愧,因为我有裂缝,一路上漏水,最后您只能担半桶水回家。"

农夫摸了摸那道裂缝,回答说:"你注意到了吗?在你那一侧的路边开满了花,而另一侧却没有花。我从一开始就知道你有裂缝,于是在你的那一侧沿路撒了花籽。我每天提水回家的路上,你就给它们浇水。两年了,我经常从路边采摘鲜花来装扮我的餐桌。如果不是因为你的所谓缺陷,我怎么会有美丽的鲜花装扮我的家呢?"

第二节　词语连缀

要求:用指定的词语组成一篇短文或一次节目。时间 2~3 分钟。

(1)喜剧　　钢铁　　卫星；　　(2)路标　　岗位　　梦境；
(3)政府　　形式　　骄傲；　　(4)地球　　烽火　　加速；
(5)播音　　暂时　　顶撞；　　(6)规模　　蜡烛　　游览车；
(7)石油　　距离　　透视；　　(8)拦截　　伪善　　纽扣；
(9)原谅　　口袋　　毛笔；　　(10)小花猫　水杯　阳光。

例:小花猫、水杯、阳光

　　走进最顶层的阁楼,顿时仿佛进到了另一个世界,一切都是那样缓慢与安静。午后的阳光透过阁楼那棱形的窗子,照进屋来,将这间小屋里的一切都照得暖暖的。在窗台的尽头,那只名叫淘淘的小花猫懒懒地卧在那里。看来它正在睡午觉呢！仿佛将自己早上所犯的错误已经忘得一干二净了,或许它根本就浑然不觉也说不定！哈哈！这个小东西,想着它打碎的水杯,再看着它熟睡的坦然的样子,真拿它没办法。(孙天漪)

第三节　命题说话

一、要求

(1)话题时间 3 分钟；
(2)是"自由交谈"的状态；
(3)语言通俗,没有背稿的痕迹；
(4)可以边想边说,但不能停顿时间过长；

(5)语调要自然,语言要流畅;

(6)普通话语音面貌要好;

(7)采取两个人说一个话题的方法,易于交谈。

二、技巧

1. 语音规范

使用标准普通话,不使用方言,不使用俚语、俗词等。

2. 以量求质

平时要多练习话题,可以练习普通话水平测试中的 30 个命题、本章"话题训练"中的话题。

3. 对话交流

采用对话形式练习话题,要有对象感、交流感。

4. 理解题意

理解题意,明确是叙事题,还是议论题。叙事题要以叙事为主,议论题要以议论为主,略加叙事。

5. 迅速构思

需要具备迅速构思的能力,如确定主题、关键词、表达顺序等,要调动思维、想象,语言链条不中断,边想边说。

6. 就熟避生

选取与题目相关的最熟悉的素材,避免使用不熟悉的、支离破碎的素材。

7. 一事多题

用相同的素材准备应试几个考题,如普通话水平测试的命题有:(1)我的老师;(2)难忘的一件事;(3)我所崇敬的人。可以用事先准备的素材来评述这几个话题。

三、一简二活三概括

(1) 一简,开篇道出主题;

(2) 二活,用故事展开;

(3) 三概括,简短总结,收尾。

四、话题训练(100题)

① 我的愿望　　　　　② 我的学习生活

③ 童年的记忆　　　　④ 我喜欢的节日

⑤ 我所在的集体　　　⑥ 我向往的地方

⑦ 谈谈广场舞　　　　⑧ 谈谈城市安全

⑨ 我的爱好　　　　　⑩ 我的家乡

⑪ 我知道的风俗　　　⑫ 假如我当班长

⑬ 假日生活　　　　　⑭ 我和体育

⑮ 购物的感受　　　　⑯ 我的校园生活

⑰ 谈谈网络　　　　　⑱ 怎样看待知恩图报

⑲ 谈谈贺岁片的未来　⑳ 如何看待明星代言广告

㉑ 谈谈微博　　　　　㉒ 谈谈流行歌曲

㉓ 怎样看待吃饭"打包"　㉔ 我最喜欢的电视娱乐节目

㉕ 谈谈对"海选"的看法　㉖ 谈谈对"栏目剧"的看法

㉗ 谈谈素质教育　　　㉘ 我喜欢的动物

㉙ 难忘的往事　　　　㉚ 谈谈节约与浪费

㉛ 谈谈空谈与实干　　㉜ 谈谈社会公益活动

㉝ 如何看待高考　　　㉞ 我的专长

㉟ 我的家庭　　　　　㊱ 我的志愿

㊲ 我的业余生活　　　㊳ 卫生与健康

㊴ 我喜欢的广播电视节目　㊵ 我所在的集体

㊶ 我向往的地方　　　㊷ 谈谈美食

�43谈谈服饰　　　　　　�44谈谈购物
�45谈谈募捐　　　　　　�46我的家乡
�47我的爸妈　　　　　　�48我的朋友
�49我知道的风俗　　　　�50我的假日生活
�51我和体育　　　　　　�52我的拿手菜
�53我爱阅读　　　　　　�54我的一次旅游
�55谈谈竞技运动　　　　�56谈谈素质教育
�57谈谈常回家看看　　　�58谈谈城市堵车现象
�59在餐桌上……　　　　�60在公交车上……
�61在运动场上……　　　�62如何看待细节决定成败
�63如何看待竞争　　　　�64如何看待节能减排
�65如何看待一次性用品　�66谈谈空气污染
�67谈谈水污染　　　　　�68谈谈食品安全
�69谈谈尊老爱幼　　　　�70我喜欢的新闻主播
�71我喜欢的节目主持人　�72谈谈"春运"
�73谈谈"春晚"　　　　　�74谈谈"酒驾"
�75谈谈"打假"　　　　　�76谈谈"艺考"
�77谈谈反腐倡廉　　　　�78谈谈反恐防暴
�79评《新闻联播》节目　�80评《星光大道》节目
�81评《开门大吉》节目　�82谈谈城市管理
�83谈谈公益广告　　　　�84谈谈舆论监督
�85谈谈"志愿者"　　　　�86谈谈学生课外辅导现象
�87谈谈大学生学习与打工　�88评《中国听写大会》
�89评《中国成语大会》　�90谈谈"国是家"
�91谈谈"善作魂"　　　　�92谈谈"勤为本"
�93谈谈"俭养德"　　　　�94谈谈"和为贵"
�95谈谈"孝当先"　　　　�96谈谈"诚立身"
�97谈谈全面深化改革　　�98谈谈全面依法治国
�99谈谈全面从严治党　　⑩谈谈全面建成小康社会

五、语言训练功夫歌

百篇稿件千遍练，　　　　练得舌敝唇齿干。
一个话题练三遍。　　　　练得月光照窗前，
练得字正腔又圆，　　　　练得三九不觉寒。
练得口吐珠玑转。　　　　练得功夫整十年，
练得汗水流满面，　　　　练得语妙天下传。

第四节　体态语

体态语指在语言交际中用以表情达意的人体的姿态。

同有声语言相比，体态语以它的视觉可感性为主要特征。体态语主要用在电视播音或主持中，用在对话交流言语中。当然，广播播音也可用，虽然听众看不到，但播音员的投入表情会使言语更有色彩。

一、面部表情

面部表情体态指在思想感情的作用下，面部五官所做出的喜怒哀乐的情态变化。面部表情是人们表情达意用得最频繁、最强烈、最细微的体态语。对电视播音员主持人来说，面部表情是思想的"荧光屏"。

面部表情主要表现在眼、眉、嘴这个三角区内。眼睛最为重要。眼睛是心灵的窗口，眼睛能传递各种微妙复杂的内心情感。

另外，锁眉表示困惑、痛苦，抿嘴表示腼腆或犹豫。面部肌肉紧张表示严肃，面部肌肉放松表示兴奋。

二、手势体态

手势体态指手与臂所做的比划或摆动等动作，是辅助有声语言进行表情达

意的一种手段。手势是千变万化的，没有固定模式，大体可分为指示式、形象式、象征式和情感式手势。

指示式手势：手势指具体对象和方位，如"他""我""你""那里""这里"。

形象式手势：手势用于模拟事物形象，如形容一个人胖、瘦、高、矮都可用手势表示。

象征式手势：表示抽象的意念，如伸出大拇指表示赞叹；双手扣在一起，表示谢意等。

情感式手势：用于表达内心强烈的情感，如双臂高举、舞动，表示激动等。

电视节目主持人的手势一要准确，二要精炼，手势不要多、不要乱、不要单一（如，总是做打拍子一个动作）。

三、身体动作

身体动作指身体姿势和动作变化，为表情达意服务。例如，身体放松前倾，表示随和、谦虚、恭敬；身体自然站立，表示庄重、严肃、敬仰；来回踱步，表示轻松、思考、回忆；捶胸顿足，表示后悔、内疚、气愤。有的动作是不好的习惯，如抓耳挠腮、摇头晃脑、挤眉弄眼等，不仅在节目主持中不能使用，就是在社会交际中也是不雅的姿势和动作。

第十一章　新闻稿件训练

第一节　消　息

一、重大新闻

(1)男:各位观众,晚上好。今天是 10 月 16 日星期日,农历九月二十一,欢迎收看《新闻联播》节目。

女:首先为您介绍今天节目的主要内容。

1. 新闻一

男:中国共产党第二十次全国代表大会在京开幕,习近平代表第十九届中央委员会向大会作报告,李克强主持大会,2,340 名代表和特邀代表出席大会。

女:习近平向伊拉克新任总统拉希德致贺电;

男:习近平总书记所作的报告在二十大代表中引起热烈反响;

女:二十大首场党代表通道开启,15 位党代表与中外媒体坦诚交流,讲述 10 年来国家发展巨变,展现更加开放自信的中国形象;

男:《新闻联播》推出系列报道二十大时光,报道广大党员干部群众对党的二十大报告的热烈反响,展现全国各族人民群众跟党走的坚定决心和对国家繁荣稳定发展的满满信心。

女:朝鲜、越南、老挝、古巴党中央以及一些世界政党、政要和友好人士热烈祝贺中共二十大胜利召开。

女：各位观众，今天的《新闻联播》节目大约需要62分钟，以下来看详细报道。

男：凝心聚力擘画复兴新蓝图，团结奋进创造历史新伟业。举世瞩目的中国共产党第二十次全国代表大会16日上午在人民大会堂开幕。习近平代表第十九届中央委员会向大会作了题为《高举中国特色社会主义伟大旗帜，为全面建设社会主义现代化国家而团结奋斗》的报告。习近平指出，中国共产党第二十次全国代表大会是在全党、全国各族人民迈上全面建设社会主义现代化国家新征程、向第二个百年奋斗目标进军的关键时刻召开的一次十分重要的大会。大会的主题是：高举中国特色社会主义伟大旗帜，全面贯彻新时代中国特色社会主义思想，弘扬伟大建党精神，自信自强、守正创新，踔厉奋发、勇毅前行，为全面建设社会主义现代化国家、全面推进中华民族伟大复兴而团结奋斗。

（2）中共中央26日上午在人民大会堂举行座谈会，纪念毛泽东同志诞辰130周年。中共中央总书记、国家主席、中央军委主席习近平发表重要讲话。他强调，毛泽东同志是伟大的马克思主义者，伟大的无产阶级革命家、战略家、理论家，是马克思主义中

2. 新闻二

国化的伟大开拓者，中国社会主义现代化建设事业的伟大奠基者，是近代以来中国伟大的爱国者和民族英雄，是党的第一代中央领导集体的核心，是领导中国人民彻底改变自己命运和国家面貌的一代伟人，是为世界被压迫民族的解放和人类进步事业作出重大贡献的伟大国际主义者。毛泽东思想是我们党的宝贵精神财富，将长期指导我们的行动。对毛泽东同志的最好纪念，就是把他开创的事业继续推向前进。

（3）为纪念毛泽东同志诞辰130周年，经党中央批准，中共中央党史和文献研究院增补修订后的《建国以来毛泽东文稿》（1—20册）、《毛泽东年谱》（1—9卷）近日由中央文献出版社出版，即日起在全国发行。

二、时政要闻

女：这里是中央电视台综合频道和新闻频道并机直播的早间节目《朝闻天下》，欢迎您的收看。

男：今天是2023年11月29日，星期三。现在是北京时间早上七点。首先

来看《时政要闻》。

女：11月27日，习近平在中共中央政治局第十次集体学习时强调，加强涉外法治建设，营造有利法治条件和外部环境。

男：11月28日，李强在北京出席首届中国国际供应链促进博览会开幕式暨全球供应链创新发展论坛并发表主旨演讲。

女：11月26日至27日，丁薛祥访问哈萨克斯坦并主持中哈合作委员会第十一次会议。

男：2023年全国食品安全宣传周主场活动28日在京举办，张国清出席并讲话。

女：11月28日，陈文清在京会见新加坡最高法院首席大法官梅达顺。

三、联播快讯（国内）

(1) 第三轮第一批中央生态环保督察今天启动

(2) 我国将健全完善产粮大县公共服务体系

(3) 九江港口岸扩大开放通过国家验收

(4) 亚洲第一深水导管架主体结构完工

(5) 福建锂电池出口破千亿元

(6) 西安今年中欧班列开行量已超去年全年

(7) 新一轮中美增班　首趟国内航司执飞航班今天发出

(8) 沈白高铁白山隧道贯通

四、国际新闻

(1) 据俄罗斯卫星通讯社16日报道，俄罗斯"公正俄罗斯"党主席谢尔盖·米罗诺夫表示，俄罗斯总统普京不会以政党候选人身份参加下届大选，而是将以独立候选人身份参选，并收集支持者签名。

"选民倡议小组今天将宣布，普京将以独立候选人身份参选，既不代表'统一俄罗斯'党，也不代表'公正俄罗斯'党。普京将收集支持者签名。"米罗诺夫说。

俄新社援引"统一俄罗斯"党高级官员安德烈·图尔恰克的话说，尽管普京得到了执政党"统一俄罗斯"党的全力支持，但他不会作为候选人参选，而是作为独立候选人参选。一旦所有提名程序结束，将成立竞选总部。

"今日俄罗斯"报道指出，普京曾四次竞选总统，其中三次以独立候选人身份参选。唯一的例外是2012年，当时他被"统一俄罗斯"党提名。

(2)当地时间15日，苏丹卫生部发布的数据显示，苏丹境内的霍乱疫情还在扩散，全国已报告疑似霍乱病例6,939例。其中，死亡病例200例。过去一个月，疑似病例和死亡病例均增长了一倍以上。世界卫生组织参与管理的疫苗供应国际协调小组此前批准向苏丹提供超过290万剂口服霍乱疫苗。苏丹自今年11月在全国开展口服霍乱疫苗接种活动。目前，已经覆盖了大约220万人。

今年4月15日，苏丹武装部队与快速支援部队在首都喀土穆爆发武装冲突，随后蔓延至其他地区，并持续至今。受冲突影响地区超过70%的医疗机构停止服务，数百万人口面临霍乱、登革热、麻疹、疟疾等疾病的威胁。

分析与提示：播报新闻最重要的是"准确"，特别是反映事件的时间、地点、人物，要绝对准确无误；同时，语言表达技巧，如重音、停连、语气、节奏等，也要准确运用。除了"准确"之外，还有"清新"，即吐字要清晰，不能因唇舌无力而使字音含糊不清，播报的新闻要有"新鲜感"，要明快。另外，新闻播音语速较快，要快而不"赶"。语速过快会影响字音的清晰度，使受众"耳不暇接"，影响收听效果。

五、社会新闻

如潮的掌声把一位普普通通的农村青年女性推上了主席台。当她用朴实的语言讲述自己不平凡的经历后，听众流下了热泪。这是昨天在京举行的韩素云爱国拥军先进群体事迹首场报告会上的感人场面。

在由中宣部、总政、全国妇联组织的这场报告会上，来自广东、山东、广西等地的有关人士,向首都人民介绍了韩素云爱国奉献的崇高品德和人民群众热情救助韩素云的动人情景。

韩素云是山东省汶上县南旺镇石闸村的农民。10年来她含辛茹苦支持丈夫在部队工作,积劳成疾患了股骨头缺血性坏死症。在她患病后,鲁、粤、桂三省区人民纷纷伸出了救援之手,使她获得了新生。

分析与提示:新闻主播在播报这条消息时,必须反映记者对这个新闻事实的态度和感情。记者被新闻事实感动了、被现场的场面感动了。因此,记者用"如潮的掌声"开篇,表露了自己急切的心情。新闻主播在备稿时要被这条新闻所感染,并用与记者同样的心情播报这条新闻,不能纯客观报道。

六、突发事件

本台消息,北京时间12月18日23时59分,甘肃临夏州积石山县发生6.2级地震,震源深度10公里。截至目前,地震已造成甘肃113人死亡,青海13人死亡,部分水、电、交通、通信等基础设施受损。

地震发生后,中共中央总书记、国家主席、中央军委主席习近平高度重视并作出重要指示:甘肃临夏州积石山县6.2级地震造成重大人员伤亡,要全力开展搜救,及时救治受伤人员,最大限度减少人员伤亡,灾区地处高海拔区域,天气寒冷,要密切监测震情和天气变化,防范发生次生灾害。要尽快组织调拨抢险救援物资,抢修受损的电力、通信、交通、供暖等基础设施。妥善安置受灾群众,保障群众基本生活并做好遇难者家属安抚等工作。请国务院派工作组前往灾区指导抗震救灾工作。解放军、武警部队要积极配合地方开展抢险救灾,尽最大努力保障人民群众生命、财产安全。

七、现场报道

朱建华再次打破世界纪录

各位听众,朱建华今天下午跳过二米三八的高度,再一次打破了男子跳高世界纪录。下面请听本台记者刘宝成介绍朱建华跳过二米三八横杆的现场报道。

（实况录音）

各位听众，这里是上海红果体育场，第五届全运会男子跳高决赛正在这里举行。

现在，场上的横杆已经升到了二米三八，这个高度比朱建华在今年六月份全运会预赛上二米三七的纪录还要高出一厘米。

现在，朱建华准备第二次试跳了。

朱建华举起了右手，向裁判示意，准备跳了。

开始助跑了。

起——落——。

过去了！成功了！

朱建华再一次打破了世界纪录，他再也抑制不住激动的心情，高兴地跳了起来。

全场观众都向朱建华表示祝贺。一个手持鲜花的女青年向朱建华献了鲜花。

朱建华高举着鲜花向观众致意。在观众热烈的掌声中，朱建华围绕田径场跑了一圈。朱建华跑到哪里，哪里的看台上就响起了欢呼声。

（如潮的掌声、欢呼声）

记者：朱建华同志，我是中央人民广播电台记者，我代表我们的广大听众向你表示祝贺。你能不能给我们的听众讲几句话。

（朱建华谈话录音。略）

分析与提示：

记者在事件的现场做报道，最主要的是要有现场感、现场气氛，并把报道（解说）的话融入现场气氛中。现场报道的语言几乎是即兴口语：边想——边看——边说，如："开始助跑了。起——落，过去了！成功了。"要体现现场的运动过程、气氛和节奏。

现场报道一般由三个部分组成：一是介绍（叙述），二是现场解说，三是采访（对话）。三个部分要衔接好，并有所区别，人物对话和现场解说的声音形式和语言有所不同。

重音的选择和表达要准确、细致。例如,"……还要高出一厘米",重音要落在"还要"上,而不是"高出",也不是"一厘米"。

第二节 新闻人物特写

♪ 大江歌罢掉头东

一九一七年,是恩来在中学的最后一年。寒假期间,他到河北省开平县耿家营一位好友家做客。开平是开滦煤矿的所在地,村里有许多矿工家属。恩来一方面看到了经济破产的北方农村,一方面又看到了在英国资本家奴役下的矿工悲惨的生活,这使他更加迫切地想寻求救国的道路。

3. 大江歌罢掉头东

在恩来上学期间,经常利用假期到农村、矿区参观游历,增长自己的知识,开阔自己的眼界。还在沈阳上小学的时候,他就在暑假期间访问过日俄战争的遗址——魏家楼子,在断墙残壁面前立下了救国救民的誓言,感动了一位六十多岁的老人,特意给十三岁的恩来写了一首诗,对他寄予厚望。所有这些走访,都使恩来更加深了对祖国的认识,坚定了他爱国救国的志向。

那时候,列宁领导的俄国十月革命还没有爆发,先进的中国人寻求救国的真理,总是面向西方。中国的近邻日本学习资本主义,改革封建社会,成了东方的强国。因此,也有不少中国青年到日本学习,想从那里获得解救祖国的理论和方法。

中学即将毕业,恩来为自己的道路而思虑,他下定了救国的决心,决定到日本去留学。可是那时候他家境贫寒,一个只有一件蓝布长衫的学生要渡海赴日,是不可能的。不过,这困难并不能阻止他。

他在六月底以品学兼优的成绩从南开学校毕业,七八月间奔走于天津、北京两地,向老师、同学筹措旅费。很多老师、同学都尽力帮助他,旅费很快凑齐了。

他就要渡海而去,离开祖国。一个十九岁的青年,在这样的时候怎么能不心情激动呢?他伫立在屋中,凭窗遥望,思潮起伏,俯身到桌前,写下了一首气势磅礴的诗篇：

大江歌罢掉头东，
邃密群科济世穷。
面壁十年图破壁，
难酬蹈海亦英雄。

诗的大意是：

唱罢"大江东去"的辞章，我毅然掉头东渡远航。

我要深刻精细地探讨社会科学，来解救祖国的危亡。

我愿像古人一样刻苦钻研，达到"破壁而飞"的境地，以此精神来改造今天的社会。

即使壮志难酬，我要跳入东海，为理想献身，也算英雄刚强。

十九岁的周恩来就怀着这样的激情，告别祖国。他先北上沈阳，和伯父告别，又向沈阳的母校师生辞行。九月初，穿过鸭绿江，从朝鲜的釜山乘船，横越滔滔的江海，渡向一衣带水的邻邦日本。

分析与提示：这是周恩来19岁时发生的故事，现在读来仍能激发人们的爱国热情和为理想而奋斗的精神。要把故事播讲得情节连贯、脉络清晰、有层次感，并推进故事走向，一气呵成。故事中《大江歌罢掉头东》的诗篇，要着力表现诗意，语势要扬起，但不是朗诵。

♪ 一株小草

"没有花香，没有树高，我是一棵无人知道的小草……"每当我唱起这首歌，就会想起一位叫芦亚带的战友，他默默无闻地为人民站了三年岗，最后把生命也奉献给了祖国。这不正是我们所说的"小草精神"吗？1985年8月25日，广东省乐昌县发生了百年未遇的特大洪水，他为了完成任务以身殉职了。

4. 一株小草

那天早晨6点左右，一股迅猛的山洪翻着几米高的浊浪，卷着树枝、庄稼、家畜……沿着武江河滚滚而下，所到之处顿成泽国。无情的河水漫过河堤包围了某监狱，切断了接岗哨兵的道路。这时已经完成了两小时值勤任务的芦亚带，叫游泳前来接岗的战友回营报告情况，他却继续站在岗楼上监视犯人的动静。

洪水在以每分钟30厘米的惊人速度急剧上涨。6点15分，水冲进了监狱。

犯人开始骚乱了,纷纷向高处爬。值班管教干部对小芦说:"哨兵!我们要转移犯人,你先转移吧。"这时,如果小芦涉水爬上山坡,就没有危险了。可是,哨兵一撤开,万一犯人的混乱状态无法控制,后果将不堪设想。小芦深知自己的处境,更知道肩上的责任。"不行,犯人还没有转移,我不能先走。"他毫不犹豫地说。

6点25分,洪水推倒了监狱围墙,冲击着像孤岛一样的哨楼。这时爬上楼房顶上的管教干部又对小芦说:"哨兵,快到我们这边来。""这是我的哨位,没有命令,我不能离开!"他把个人的生死置之度外,坚定地屹立在摇摇欲倒的哨楼上。6点35分,班长叶苗金带领部队控制了监狱,并传令芦亚带撤哨。正当他背起枪准备泅水回营时,一个巨浪冲过来,哨楼倒塌了……

"小芦——""亚带——"战友们追着洪水狂奔,呼叫。风在呼啸,水在咆吼,山谷里回荡着战友的悲鸣,但再也听不到这位年仅21岁的战友的回音了。

朋友,你有机会到粤北山区,在湘粤公路旁的雷土山上,一定会看到那座生着束束无名小草的坟茔,那就是芦亚带安息的地方。

啊,只知奉献的小草,又何止这一束。

分析与提示:小草没有树的高大和伟岸,没有花的艳丽和芳香,然而,小草的奉献精神是值得赞美的。21岁的年轻战士芦亚带在生命的紧要关头,坚守哨位,执行命令,最后以身殉职,把宝贵的生命奉献给了祖国。播讲者应怀着崇敬的心情播送这篇新闻人物特写,表现洪水的凶猛和战士的坚强。"小芦——""亚带——",可以用虚声的长音呼喊,以形成"风在呼啸,水在咆吼,山谷里回荡着战友的悲鸣"的情境。

颜书记和头号座

寿山镇黑牛村党支部书记颜景宏是响当当的茬。前些年,他的工作样样排在全镇的头里,是全镇的得脸儿人物,年年被评为先进。镇里无论召开大会小会,他都被安排在头排最显著的位置。久而久之,那头号位置变成了老颜的"专座"。别人谁也不敢问津。而他,也从来没客气过。

要论工作,老颜确实有两下子,有的村欠外债,而黑牛村哪年都赚下个万八千元。他的威信也真高,走得正、行得正,处事公开,大家都佩服他。别的不说,黑牛村谁家的父子爷们儿间闹意见、顶了牛或是小两口闹矛盾什么的,他不用到场,只要掏出笔,下一道十几个字的"圣旨",一切便会烟消雾散了。

可谁知，最近，出了件让他丢面子的事。那象征着水平、成绩和在全镇特殊地位的"座"丢了，让他着实上了一顿火。

原来，镇里今年开会，是按各村的新上项目、产值、利润和贡献大小，论英雄、排座次的。据此，堂堂正正的黑牛村党支部书记颜景宏被安排在了第三排。

先进们一个个被请上台介绍经验，一组组数字敲打着老颜的心，一件件事实都证明，黑牛村落后了。你老颜就应该坐在第三排。老颜蔫拉头了。

会后，镇党委领导想跟他谈谈，可颜景宏什么也没说。四十六岁的他，也确实不想说什么。

晚上，颜景宏睡不着觉了。他回想起这一年多，确实没的整好。黑牛村奔小康的路子没迈开。村办企业、三大一果，给打"狼"了。而其他村也实在上得太快了。没想到自己一疏忽，竟让人家抢了先。

近日，颜书记忙乎开了，跑项目，抓养牛，建大棚。起早贪黑，东跑西颠，人都累瘦了。镇里领导和乡亲们虽然心疼，但都知道，颜书记是惦记着那把椅子。大家都不肯说出口，都希望他重新坐上头号那把椅子。

分析与提示：这是一篇新闻故事。一位新闻主播借鉴评书的语言形式进行创作，呈现了起伏跌宕、错落有致的语言形态，有一定的渲染成分。例如，"那头号位置变成了老颜的'专座'"，这里的"专座"可以重读并加强语气色彩，加上眼神、手势等动作把故事活灵活现地讲给观众听。

第三节 评　论

5. 还是要勤俭建国

♪ **还是要勤俭建国**

几年来，我国的经济形势越来越好，人民的生活水平逐步提高，人们的生活方式也发生了一些变化。在这种情况下，有些同志认为，艰苦奋斗、勤俭建国的精神可以不要了。

这是一种误解。勤俭、朴素是中华民族的美德，艰苦奋斗、勤俭建国是中国人民的优良传统。现在，尽管经济建设取得了巨大的成就，但是，我们的国家还不富裕,建设资金还不够充足。各部门、各单位特别是各级领导干部,都要树立全局观念,识大局,顾整体,为国家富强而奋斗。这就要求,不论是生产还是生活,都必须杜绝任何形式的浪费,都应该精打细算,勤俭办一切事业,努力增加积累。即使以后我们国家富强了,人民富裕了,勤俭的精神也还是不能丢。

现在有少数同志忘掉了勤俭建国的好传统。他们巧立名目,滥用公款,使国家增加不必要的开支。还有的同志,只顾个人,不顾国家;只顾局部,不顾全局;只顾眼前,不顾长远。办什么事都讲排场,摆阔气,大手大脚,铺张浪费,甚至挥霍无度。这种行为,不但给国家造成经济损失,而且败坏了党风、民风。

也许有同志说,现在不是鼓励消费吗?鼓励消费并没有错。但是,这样做的目的是促进生产,并不是要大家不顾条件乱花钱,更不是提倡大家挥霍浪费。生产决定消费,消费促进生产,消费水平的增长要建立在生产发展的基础上。如果脱离这个基础,盲目地、片面地追求高消费,那就错了。在四化建设、振兴中华的伟大事业中,我们还是要大大发扬艰苦奋斗、勤俭建国的精神。

分析与提示:这篇评论写于20年前,现在读来,也不觉得过时。这是一篇优秀的评论文章,具备评论写作的全部要素。题目就是这篇评论的中心论点,层次分明、论述有力、语言简洁、说理透彻。著名播音艺术家葛兰播送这篇评论时,把题目《还是要勤俭建国》给予充分的强调,表明鲜明的观点,特别是对重音"还是"的强调,恰到好处。

♪ 伟大梦想照耀复兴之路

深重苦难锻造民族凝聚力,奋斗抗争锤炼爱国行动力,探索前行磨砺历史判断力。

回首昨天,雄关漫道真如铁;审视今天,人间正道是沧桑;展望未来,长风破浪会有时。近现代中国的历史链条,昭示出中华民族复兴之路的必然走向,那就是中国特色社会主义道路。

我们正处在国家发展的重要战略机遇期,百余年奋斗史所积累的深刻经验提供现实镜鉴,人民开创美好生活的愿望成为发展进步的动力。

信念在胸,使命在肩,牢记发展才能自强,牢记道路决定命运,牢记艰苦努力才能把蓝图变成现实。中国共产党新一届中央领导集体参观复兴之路展览,再一次凝聚全民族的深刻共识,再一次向全世界宣示我们的道路自信、理论自信和制度自信。

中华民族是一个命运共同体,个人得失与国运兴衰休戚相关。国家好,民族好,大家才会好。空谈误国,实干兴邦,历史预言未来,团结才能致远。

再有不到10年,中国共产党的奋斗将满一世纪;还有不到40年,新中国将迎来百年诞辰。我们坚信,小康社会一定能如期全面建成!我们坚信,社会主义现代化中国一定能卓立于世界东方!我们坚信,中华民族复兴的伟大梦想,一定能实现!

分析与提示:这是中共中央总书记习近平参观"复兴之路"大型展览并发表讲话后,中央电视台发表的一篇评论。评论中的一些话就是习总书记的原话,如"回首昨天,雄关漫道真如铁;审视今天,人间正道是沧桑;展望未来,长风破浪会有时""空谈误国,实干兴邦"。要把这篇评论播得平实、有力,给人以信心、给人以力量;语言处理上,层次要分明,逻辑要严谨。

为了大家的清凉

夏日炎炎,我们的心里却异常舒爽,因为我们身边有为大家带来方便和凉爽的交警赵森们、搬运工人小张们、安装工薛师傅们……

骄阳下,他们是一棵棵无人知道的小草,没有耀眼的光华,但是天气越热,他们的付出越显可贵。他们背后还站着一群人,一群同样默默奉献、令人尊敬的劳动者。

大热天里,小草用自己的绿荫装扮着大地的清凉,敬业的劳动者们为我们的社会吹来了阵阵清凉之风。

分析与提示:这篇评论是为新闻事件配发的短评。题目《为了大家的清凉》有一种温暖人心之感。播这篇短评语气亲切,并表现对这些平凡的劳动者的赞美之情。语势平稳、节奏适中。这篇短评只有几百个字,但表达的语意却很深刻。不能文字一短,播得就浅,要加强对稿件的理解和感受。

第十二章　解说训练

第一节　电视专题片解说

《动物世界》——生命赞歌(10)解说词

　　短笛吹奏出蜿蜒旋转的音调,在弦乐的牵引下,我们来到了哥斯达黎加海岸边的红树林中,这里居住着全美洲最聪明的猴子,这就是白面卷尾猴。

　　它们同样懂得潮落时觅食,它们在寻找蛤蚌。然而,卷尾猴体型太小,没有力气打开贝壳,全靠聪明的头脑,它们发明了一种独特的解决办法。它们并不能直接砸碎贝壳,它们敲击、滚动贝壳的动作别有用心,都是为了让蛤蚌锁紧肌肉,最终蛤蚌撑不住了,卷尾猴得到了应有的奖励。

　　这样的敲击声可以说是为灵长类动物谱写的美妙音符,也是一曲劳动的赞歌,弦乐随着蛤蚌的打开而响起,仿佛在赞美卷尾猴懂得反复试验,找到办法解决问题的这种智慧。

　　它们在巴西的远亲却能将这项技巧变得炉火纯青。夕阳余晖中管弦乐迎面而来,磅礴的气势仿佛是在赞叹这种生命的无穷智慧,猴子正在用石头砸开坚硬的棕榈果实。黑毛卷尾猴,结合了力量与高超智慧的灵长类,它们学会了使用工具,用石头去砸开棕榈坚果,有些石头的重量几乎相当于它们的体重。

柔和的管乐开始讲述这个神奇的故事,如果没有工具,想要打开这些坚果,简直是天方夜谭。使用工具是灵长类动物进化的一个重大突破。

我们的星球是超过3,000万种生物赖以生存的家园,每个物种都注定要为生存而拼搏一生。无论你将目光投入陆地或者海洋,都能看到为生存而奋斗的壮观景象。植物和动物在相互依存和杀戮中繁衍,鸟儿们在华美的乐章中翩翩起舞,它们有如孩童般天真无邪,它们却懂得为生命而战。生命的画卷逐一展示,从鸟儿到昆虫,从两栖动物到哺乳动物,甚至还有成千上万种植物,它们充满生机的身影,伴着配乐翩翩起舞,谱写出动听的生命赞歌。

我们为您播出精彩的生命之旅到今天就结束了,我们感谢配乐大师乔治·芬顿谱写的一曲曲生命赞歌。它们将形态各异的生命烘托模拟得更加生动形象,我们也由衷地感叹造物主真是神奇,原来在我们的这个家园——地球上不仅有这么多奇妙的生命,而且它们也像我们人类一样,有斗争、有欺骗、有团结,也有家庭和社会的秩序。当然还有很多生命物种,并不为我们所知,不过,我们人类作为最有智慧、最有创造力的一个生命群体,还会不停、继续地探索下去,这就是今天的音乐传奇,这个系列为大家安排完了,感谢大家的收看,我们下期节目,再见!

分析与提示:电视专题片《动物世界》影响深远,突出反映了人与自然(动物)和谐共生的主题。这类电视片具备三个要素,即,画面(活灵活现的动物)+解说词(配音)+音乐(配乐)。如前文所说,画面是电视专题片的主干,解说词和音乐受画面内容的制约,对画面起解释、补充、烘托、丰富等作用,三者应相辅相成。其中的解说词是要由"配音"来完成的。赵忠祥老师的《动物世界》配音,情感真挚,声音淳朴,气息通透,技巧娴熟。声情气韵的运用塑造了"酣畅淋漓美如画"的意境。他的配音与画面和音乐融合得天衣无缝,达到了十分精美的程度。要做到这一点,配音人员需要深刻理解和把握画面和音乐。

向经典致敬——中国动画百年系列《天书奇谭》致敬词

一百年起落浮沉,始终根植中华。

一百年光影交错,不舍中式表达。

一百年传承接力,终能厚积薄发。

一百年精描细绘,成就中国童话。

《铁扇公主》《大闹天宫》，出道即巅峰。

《哪吒闹海》《葫芦兄弟》，国粹移情入画。

点染留白处，小小蝌蚪找妈妈。

情景交融间，水墨秋实发芽开花。

动于形，画于神，唯有童心不老。

慧在中，秀在外，定格丹青华夏。

《中国文艺》向经典致敬——中国动画百年系列《天书奇谭》。

分析与提示：《向经典致敬》是《中国文艺》周末版2014年底推出的系列品牌，节目通过访谈、表演和外拍纪录短片等形式向经典的文艺作品和德高望重的艺术家们致敬。每期节目结尾都有"致敬词"，将节目推向高潮。上面这段致敬词就是写给《天书奇谭》的。这篇"致敬词"文字秀美，语量丰富。可将"致敬词"视为"解说词"，读来字字珠玑，有震撼人心之感。

家在向海（节选）

申晓力

你看见，你也听见了。

这就是丹顶鹤。

在鸟类专家分辨出它鸣叫的感情以前，这声音已在一个叫向海的地方回荡了不知多少万年……

这是在欧亚板块东部，中国科尔沁草原更东些的地带。沼泽、湖泊与静静流淌着的河流相连贯着。

霍林河与额穆泰河毫无保留地丰富着向海，直到它水丰、草盛。

造化的灵秀，给向海带来无数的鸟类。它们聚散在这阳光普照的三角带。

鸟类在这里繁衍生息，并以此为家。

……

向海的天空永远拥有这么多飞翔的翅膀，这是向海的骄傲，正像鸟类以向海为荣一样，其实这同样是它们毁不灭、也赶不走的家啊！

当秋天来到向海的时候，向海人知道这是收获的日子。

同时，人们开始准备在青年人中挑选最强壮、最有勇气的人，他们将要到相隔遥远的城市去采购大量的生活用品。因为他们必须熬过漫长而且严酷的向海之冬。

　　鸟类也在梳洗干净羽毛,准备一次长途的旅行。它们只有靠暂时迁往南方,来躲避向海寒冷的冬天。

　　还是像离家出一趟远门一样,它们在向海深秋的最后一个早晨,依依不舍地徘徊着。

　　它们将要去南方过一段流浪漂泊的日子,但是它们不会忘记向海这个可爱的家园。它们期待着春天的到来……

　　我们仿佛听得见最为高亢的声音从天空传来——那一定是丹顶鹤的呼唤:家在向海,家在向海,家在向海……

　　分析与提示:这是一篇电视专题片获奖作品。开头的八个字"你看见,你也听见了",解说者要展现听到丹顶鹤的叫声、看到丹顶鹤在飞翔的画面。解说词中间是大段的描写、叙述和抒情,如同朗读一篇优美的散文。结尾部分:"我们仿佛听得见最为高亢的声音从天空传来——那一定是丹顶鹤的呼唤:家在向海,家在向海,家在向海……"天空中的丹顶鹤离我们越来越远了,三个"家在向海"是丹顶鹤发出的"声音"。这声音渐渐远去,消失在远方。解说时,注意情感与意境的交融。声音形式要渐缓—渐弱—渐远。

一个共产党员的公仆情怀

　　一边牵挂着村里的父老乡亲,一边牵挂着老家的白发亲娘和望眼欲穿的妻子女儿。在选择面前,安徽省小岗村党委第一书记沈浩把对小家的爱倾注在对大家的爱中,全心全意为人民服务,展示了一个共产党员的公仆情怀和一个农民儿子的承诺。

　　(画面:小学)

　　这是小岗村唯一的一所小学,很多孩子都记得,沈浩叔叔第一次来到学校,看到他们在满是泥土的地上活动,半天没有说一句话。几天后,沈浩带着村民们为这座小学修建了水泥球场。

　　在小岗,百姓的冷暖,时刻牵挂着沈浩的心。

　　2005年夏天的一个晚上,雨下得特别大。沈浩想起村民徐庆山一家住在三间危房里,他当即拿起雨伞,摸黑冲出去。一路上,鞋子跑掉了,光脚跑到徐庆山家。

(画面：录音)

从这以后，沈浩下决心一定要彻底改善村民的住房条件。经过多方奔走，四处求援，小岗村第一批村民住宅建成，包括徐庆山在内的26户住房最困难的农民先住进了160平(方)米的楼房里。

6年来，沈浩一直在为小岗村农民的幸福奔波、操劳。在小岗，人们都知道沈浩的房门从不上锁。无论白天、黑夜，乡亲们只要有事随时可以走进他的房间。

(画面：录音)

86岁的秋士兰老妈妈腿脚不好，细心的沈浩专门从合肥给她买了一支拐杖。村民殷广勇有个痴呆的媳妇和两个未成年的孩子。沈浩三天两头给他家送油、送米。

6年中，沈浩不知多少次把身上的衣服脱给瑟瑟发抖的贫困户；不知有多少次把口袋里的钱拿给患病的村民；不知有多少次在凌晨接待来访的群众；不知有多少次到年迈的村民家中问寒问暖。

(画面：录音)

一分真情、两份牵挂。面对村民挽留他的红手印，是回去，还是留下再干三年，沈浩曾经非常犹豫。他也实在想家。最让沈浩牵挂的是他90多岁的老母亲。刚到小岗村第一年，不能再照顾自己的母亲，不得已托付给老家亲人。临上车时，他扑通一声，跪倒在母亲面前说："老娘，儿子到小岗村工作了，不能回来好好地照顾您，等我任职期满，就去接您。"说完，他给老娘叩了一个响头。起身时，已是泪流满面。

(画面：录音)

一边是家人亲情的呼唤，一边是村民深情的挽留。最终，沈浩留了下来。沈浩对他的妻子说："前三年，我帮小岗村民把新房盖起来，但房子是空的，他们还不富裕。我再干三年，等他们房子里东西都满了，我就回来。"

然而，沈浩没能再回到省城的家中，他永远留在了小岗村。

6年春秋，他把一腔的爱都给了小岗的父老乡亲。因为他不仅仅是儿子、丈夫、父亲，他的血管里，还流淌着一个共产党员的责任，用他的话说——我是农民的儿子，我是小岗人的儿子。

分析与提示：该片生动描写了沈浩为小岗村脱贫致富而献身的动人事迹。

解说与画面互为主从,有时突出画面,有时强调解说,语言在画面中"若进若出",又融为一体。

第二节 体育解说

7. 中国女排荣获世界冠军

♪ 中国女排荣获世界冠军

(女)亲爱的同志,1981年11月16日是我国体育运动史上一个难忘的日子,中国女子排球队以七战全胜的成绩,荣获第三届世界杯女子排球赛冠军。经过几代人几十年的努力,三大球之一的女排,终于登上世界冠军宝座。

喜讯传来,全国上下无不欢欣鼓舞,纷纷向中国女排祝贺,向女排学习,为推进四化建设作出贡献。为了纪念这段有意义的日子,我们中央人民广播电台把女排获得冠军以后几次重大庆祝活动的广播录音汇集一起,留作纪念。

下面是11月16日晚上,在日本大阪进行的第三届世界杯女排决赛,中国队同日本队的比赛尾声。

(实况)

(宋世雄解说)日本队发球,日本队5号小川发球,中国队孙晋芳把球传出以后,现在郎平扣球,中国队后排把球垫起,日本队一号××扣球,中国队拦网,没有拦住,日本队得分。14平。

各位听众,各位观众,台湾同胞们,海外侨胞们,这是这届世界杯比赛中最后一场的最后一局的比赛。郎平高点强攻,再扣,第二次,日本队防守很严,两次都救起来了。中国队在组织防守反击,中国队把球拉开以后,郎平吊球,日本队8号××把球接起来。1号××再扣球,球打中了,日本队得分,15比14。日本队发球,中国队接好球,现在由郎平再扣球,郎平打一个抛手球,这个球是平打,打在对方拦网手上出界,中国队夺回发球权,现在是14比15。这是到了多么关键的时刻!袁伟民还是很沉着。中国队发球,日本队8号从外面扣球,中国队三人拦网,日本队再组织进攻,日本队8号××扣球,中国队把球传到网前,郎平再扣球,日本队后排把球接起来,3号××再扣,孙晋芳把球传起来,中国队郎平——好球！郎平在4号位的斜线扣球。真不容易啊！15平！中国队发球，日本队一传没有到位，日本队把球打过来，中国队拦网得分！16比15。1号曹惠英，6号孙晋芳，两人走到一起互相拍拍肩，说着话。中国队发球，日本队小川把球传过来以后，中国队拦网得分，17比15。中国队胜利了！队员们都跑到一起，中国队以3比2战胜了日本队，以7战7胜的优异成绩夺得了本届世界杯比赛的冠军。中国女子排球队的队员跑到场内向观众致意！队员们跑到一起拥抱。我们向中国女子排球队表示衷心感谢！我们代表广大的听众和观众向她们祝贺！

（略）

第三届世界杯女子排球赛的发奖仪式开始。

大会宣布：中国女子排球队获得第一名，日本获得第二名，第三名是苏联队。中国女子排球队已经走上了领奖台。国际排联的负责人把奖杯发给中国队。

各位听众，各位观众，台湾同胞们！海外侨胞们！孙晋芳把闪闪发光的奖杯接在手中，向观众致意！现在在日本的大阪体育馆奏起了中华人民共和国的国歌！升起了五星红旗。同时，也升起了日本和苏联的国旗。

分析与提示：1981年在日本大阪举行的第三届世界杯女排决赛的现场解说，是著名体育解说员宋世雄解说生涯的经典之作，充分显露了他的才华和天赋。他的解说极大地鼓舞了中国女排的斗志和全国人民的信心。他才思敏捷、口齿伶俐，在"一秒六字如卷席"的快节奏中吐字仍然十分清晰，体现了他的语言功力。他的解说与现场气氛完美结合，达到了天衣无缝的境地。

第三节　文艺解说

♪ **古画新声**

——介绍筝箫与箫组曲《清明上河图》（节选）

8. 古画新声

在北京故宫博物院里珍藏着一件稀世国宝，那就是北宋末年宫廷画师张择端创作的世界名画《清明上河图》。

《清明上河图》是一幅气势宏伟、线条精细、内容极其广阔的风俗画卷。它以北宋重要的经济运输命脉——汴河为主线,细腻而又极其生动地描绘了首都汴京城郊清明佳节时的生活图景。无论是恬淡、秀丽、春意盎然的郊野,还是繁华喧闹、熙熙攘攘的市景;不论是紧张辛劳的船夫、脚夫、商贾,还是悠然自得踏青、扫墓的达官贵人、平民百姓……五百多身份不同的人物,数十只造型各异的车、轿、船只,还有大大小小、高低错落的桥梁、城楼、屋舍、牲畜、草木……惟妙惟肖、栩栩如生。

画本是凝固了的生活。中年音乐作者刘为光以他艺术家特有的敏感,从这巨幅画卷中挖掘、提炼,创作出一部清新而又古朴的音乐——筚篥与箫组曲《清明上河图》。八百年前这一古画中的情、趣、声、韵就都在这流动着的旋律之中复活了……

你听!这音乐像不像和那原画同时诞生的姐妹?它们的格调、风韵是多么相似、相近啊!

……

下面,我们就把组曲《清明上河图》分段给您介绍一下。

第一段,中慢板。

开始是一段引子。箫的长音和筚篥浑厚的和弦,仿佛是牧笛和钟声的对答,把人带到遥远的年代……这引子有如京剧里的导板,引出了全曲的主题。

这个主题淳朴而又端庄。它由七声音阶构成,九度、七度、增四度等特色音程的运用体现了独特而地道的中国古曲音乐的风味。

筚篥滚动着的固定音型的泛音,清脆、明亮,透露出万物复苏的春天的律动。

然后,箫在筚篥的陪衬下完整地陈述主题,徐缓、庄重、委婉,仿佛是画家或者游人在尽情领略大地春光,安然而又深情。

第二段,行板。

这段音乐由两部分组成。

开始,筚篥用颤音和揉弦奏出主题。袅袅余音,使人仿佛看到清晨大地上淡淡的薄雾。随后,箫奏出连绵不断重复和模进的乐句,更增添了流连忘返、无限感叹的思绪。

后半段,音乐将主题倒置,旋律更加流畅。仿佛是踏青人的车轮、脚步和他们眼中的山光水色在频频移动。

第三段,小快板。

这一段节奏变得更加欢快,跳荡的音型体现了节日的欢跃。经过一大段铺垫,前一段倒置的主题又再次出现。这里运用了戏曲音乐中紧打慢唱的手法,筝筷的固定音型象征脚夫、轿夫、挑夫繁忙的脚步。箫的歌唱性旋律抒发着人们喜悦的心情。

第四段,急板。

这一段描绘原画中大船钻渡虹桥的场面,全曲进入高潮。

开始,筝筷从慢起到急速有力的弹奏造成一种紧张气氛。

由箫奏出的主题尾部长音上几个装饰音的急剧下滑,使人感受到惊险和顽强。接着,筝筷和箫再次运用紧打慢唱的手段,使人不仅看到搏斗的场面,也感受到围观的市民与船工息息相关的情感。最后,节奏变得规整、坚定,转而越加急促,表现船工们齐心协力,冲破激流,终于胜利通过了虹桥。

第五段,小黄板。

音乐又进入恬静、优美的意境之中。前几段某些音乐素材的重现,仿佛是阅毕画卷,又重新浏览,回忆画面上的某些片段。筝筷的泛音重又带来清新、明媚的春天的气息。

牧笛和钟声的出现标志着音乐进入尾声。与乐曲开头的引子遥相呼应。箫的甜润的长音伴着筝筷缠绵、温柔的揉弦、颤音,娓娓动听,并渐渐消失,令人回味无穷。

分析与提示:这是一篇介绍筝筷与箫组曲《清明上河图》的解说词。以解说为主、音乐为辅,音乐并不是背景音乐,而是主题音乐,解说要围绕主题音乐的表意和节奏变化展开。

《清明上河图》描绘了首都汴京城郊清明佳节时的生活图景。文中"五百多"和"数十只"作为对比性重音加以强调。"你听,这音乐像不像和那原画同时诞生的姐妹?"是出彩的句子,突出交流感,"姐妹"的表情意义要明显。

方明的"田园诗般的恬静"的抒情特色和林如的"似平淡却露真情"的语言风格,在解说中表现得恰到好处。

独舞《采山》

《采山》这个舞蹈,以生动形象的舞蹈语汇,描绘了一幅具有林区生活特色的情景。

深秋的长白山,风光瑰丽,一片金黄。

山道上跑来一位活泼的少女。

她身背背筐,衣着素朴。

少女轻盈的脚步,惊动了森林里的"居民们"——彤红的枫叶向姑娘连连招手,金黄色的老橡树向姑娘频频点头。

姑娘踏上了细长的独木桥。

哎哟！好险哪！

眼望长白秋色,果实累累,姑娘心里充满了喜悦,她赶忙撂下背筐,开始采摘。

哎,那儿的蘑菇真多呀！

哟,这儿的五味子多红啊！

这紫黑、晶莹的山葡萄更好看,来一粒尝尝……唷,太酸啦。

哈,这一串软枣子多大呀,品一品,啥滋味,啊——真甜哪！

咦,那是什么？

红红的果儿,碧绿的叶儿,

小心拨开草丛,轻轻挖去泥土。

啊,人参！一颗雪白的人参。

姑娘手拿人参,欢乐地舞蹈起来。

背起沉甸甸的背筐,

戴上插满山花的草帽,

满怀收获的喜悦,姑娘下山了。

分析与提示:《独舞〈采山〉》解说词运用了大量的动词和叹词。例如,动词:惊动、招手、点头、蹚过、撂下、采摘、尝尝、品一品、拨开、舞蹈、背起、戴上等,叹词:哎哟、唷、哈、啊、咦。动词的表达要给人以动作感,把动词重读,或扬起,或延伸,或和其他词顿开,用想象体现动作的过程、时间和神态。叹词是表现情感较强烈的词,《采山》用六个叹词表现在六个不同景物中的不同情感。叹词在表达时要和它前后的词分开,不要拘谨,要放开、要充分。在录制解说前,播音员要反复听音乐,体会音乐的情绪、节奏,并随着音乐进行试播,以使音乐和解说吻合。

第十三章　节目主持训练

第一节　新闻评论节目

拾金不昧要不要回报(节选)

节　　目：中央电视台《实话实说》
主持人：崔永元
嘉　　宾：郑也夫(中国社科院社会学所副研究员)
　　　　　张宇燕(中国社科院世界经济政治所副研究员)
　　　　　方子哥(北影演员剧团演员)
　　　　　高博燕(《中国妇女报》总编室主任)

主持人：各位朋友,大家好。欢迎大家收看我们的节目！如果您看过这个节目,就知道这个节目有这样一个特色,那就是实话实说,高朋满座。大家都说新闻记者是消息灵通人士,我想问问高博燕女士,1996年2月15日发生了一件什么事?

高博燕：……

主持人：这么大的事都不知道?我来告诉你吧。1996年2月15日,北京有一位公司职员,他姓任,把大哥大丢在一辆出租汽车的前座上,(笑声)被这辆出租汽车的司机发现了。后来,这位出租司机用他拾到的大哥大和失主尽快取得了联系。几天以后,失主、公司职员任先生如约来到了出租司机潘师傅家里,大家请看大屏幕。(屏幕内容略)张宇燕先生,不知你看清楚了没有,这位任先生拿出一个信封,说这是他的一点心意,那么,这"心意"是什么呢?

张宇燕:我猜大概是一些货币,准确地讲是人民币。

主持人:高女士同意他的观点吗?

高博燕:那当然。

主持人:没有可能是感谢信什么的吗?

高博燕:我也希望是那样,但是不现实。

主持人:要表示的这位任新农先生就在现场,我们可以来问问他。任先生,你为什么非要给他送一个感谢信呢?

任新农:是信也好,是货币也好,我觉得一件东西失而复得,那种喜悦总得表示一下。

主持人:那到底是什么呢?

任新农:是钱。(笑声)

主持人:果然让他们给猜中了。我想了解你的想法,为什么要送一些钱。

任新农:既然手机是人家拾到了,人家可以自己任意来处置,他可以用若干种处置方式,比如转送、卖掉,或可以据为己有。但他主动地找我,还给我,本身这种行为就值得我感谢他,这种行为本身就是有价值的行为。

主持人:这正是我们今天要讨论的话题——拾金不昧要不要回报。我们先听听在座嘉宾的看法。张先生,你认为任先生的这种做法有必要吗?

张宇燕:可能还很有必要。这件事使我想到了孔子的一个故事。孔子有个学生曾经救过一个溺水的人,为了表示感谢,被救人给了他一头牛。牛在当时比现在的一辆出租车还贵。孔子的这个学生就收下了,其他学生就批评他,说他在人危难时救人是对的,但收人家东西就不对了。孔子听后认为收得对。为什么对呢?说一旦接受人家的馈赠,就是回报,或者叫报答,就意味着今后更多处于危难当中的人可能会获救。

　　孔子是从更多的人的角度,而不是从一个人的角度来讲的,收多少钱、多少物姑且不论,但从社会效果来看,是大家都获益。所以我觉得应该收。

主持人:那就是说,如果孔子捡到了这个大哥大,他也会收下这份人民币或者感谢信?

张宇燕:我大致觉得孔子是会收下的。

主持人:请问郑先生,你与孔子和张先生的观点是一致的吗?

郑也夫:对孔子学说我历来十分钦佩,但"吾爱吾师,吾更爱真理"。就这个小问题而言,我不赞同这种做法……

主持人:两位先生的观点是不大一样的。请问高女士,你认为他们哪个说得更有道理?

高博燕:我觉得张先生更有道理。因为社会上有些人非常理想化,把社会想象得非常好,这一幕可能是我们社会经常能看到的,并不特殊……

主持人:方先生,你丢过什么东西没有?

方子哥:很少。我比较仔细。

主持人:我们做个大胆的推测,如果你的东西丢了,被别人捡到送回来,你会有这样的报答方式吗?

方子哥:会,肯定会的。

主持人:你又没有丢过东西,凭什么说肯定会呢?

方子哥:因为我觉得人家丢了东西会受到损失,首先精神上会受到刺激,其次是物质受了损失,所以,人家给你送回,就应该得到补偿。但作为捡到东西的人,既然做好事就应该做到底,不应该要。

主持人:如果要了呢?

方子哥:那……要了也没关系。(掌声,笑声)

主持人:如果以上三位嘉宾的观点成立的话,那么我们的讨论就可以到此结束了。关键是我们要听一听郑先生的观点。郑先生,是不是大家已经把你说服了?

郑也夫：大家远远没有把我说服，尽管刚才张先生抬出孔夫子，我也可以抬出中国很老很老的一些故事，比如善有善报，恶有恶报等。但善有善报并不是说一把一利索，善有善报追求的是这种行善不计报酬，最后形成一个美好的社会，丢了这个社会，我们什么也没有了。

主持人：郑先生在强调道德的力量。你刚才矛头很锋利，像张先生提出的观点，一把一利索，有可能更会弄得大家人心不古，世风日下，张先生将来要负主要责任，是这个意思吗？（笑声）

……

郑也夫：市场经济是个好东西，可是我们的社会千万别成为一个大市场。（掌声）

方子哥：助人为乐需要鼓励！（掌声）

高博燕：希望这次讨论使我们的传统美德能有一个蓦然回首，不要让这段风景走得离我们太远！（掌声）

张宇燕：美德的火焰若再加上利益的燃料会更加旺盛！（掌声）

主持人：我们今天的讨论就要结束了，希望大家在结束以后回到自己的岗位和社会中，继续把这个话题讨论下去。无论是要回报还是不要回报，我们希望大家都能多做好事、多做善事，因为一个人做点好事并不难！（掌声）谢谢大家！再见！

分析与提示： 这是中央电视台著名主持人崔永元早期主持的《实话实说》的一期节目。主持人的幽默是谈话节目成功的"催化剂"。崔永元的幽默调动了嘉宾和观众的参与热情，从而使他们积极发表自己的观点和看法。

节目的结尾紧扣主题，具有引导舆论的作用，即"无论要不要回报，我们希望大家都能多做好事，多做善事，因为一个人做点好事并不难！""一个人做点好事并不难"，下一句应是"难的是一辈子做好事，不做坏事"。这两句连在一起，是毛泽东的一句名言。用"一个人做点好事并不难"结尾，升华了节目的主题。

寻找失去的声音（节选）

节　目：中央电视台《焦点访谈》

主持人：敬一丹

您好！观众朋友,欢迎收看今天的《焦点访谈》。

这一天啊,人们还在回味宁夏银川那一次全程动员行动的寻找。在银川,有一位四岁半的小姑娘,不小心把人工耳蜗弄丢了,孩子陷入了无声世界,全家陷入了困境。这么小的一个耳蜗,这么大的一个城市,到哪儿去找呢？而奇迹真的发生了。

(画面、解说)

将近5天全程寻找自发行动,让孩子重新回到了有声世界,人们寻找到的,不仅仅是一个丢失的耳蜗,还有彼此间的关爱。这场全程爱心接力,实现了人心向善的力量,让人们在这冬天里,收获了温暖,收获了感动。那么,现在呢,小玉儒和父母一起加入了义工组织,他们想把爱心传递下去,帮助更多的人。孩子母亲说,孩子长大了,一定会告诉她这次经历,教育她以后也要做好人、行善事。

分析与提示:本节目以"寻找失去的声音"而不是"寻找失去的耳蜗"为题,突出和升华了主题。敬一丹的主持风格质朴平实、庄重大气,语气自然、亲切。她的语言表达不仅规范,而且精致,表现了很好的语言功力；同时,副语言运用也很得体。

♪ 不要使孩子成为流浪儿(节选)

9. 不要使孩子成为流浪儿

节　目:中央人民广播电台《午间半小时》
主持人:虹云

中央人民广播电台,现在是《午间半小时》节目。听众朋友好！我是虹云,今天的节目,我要先给您介绍一个新朋友。他是我们《午间半小时》的热心听众,也是我们播音界的后备力量,他的名字叫张泽群。

……

小张,前两天,你给我们送来了一盒磁带,我们要好好谢谢你。你跟流浪孩子的交谈,我们全体编辑部的同志都听了。听了以后,我们感觉这个孩子的经历很发人深思。所以,今天我们把你请到话筒前来,就是想请你这个当事人直接跟我们的听众朋友谈一下你和这个孩子初遇时的情形,好不好？(略)

(出歌曲《斯瓦尼河畔》)

听众朋友,您听了张泽群同学的介绍,还有他和蒋卫红谈话的录音,有什么感受?小卫红,这是一个多可爱的孩子啊,他那稚气而又深刻的话语让人听着心酸。是啊,他没有学坏,那是因为他感到不相识的好心人给予他的温暖和关怀。他还牢记着父亲告诉他要靠自己的劳动来生活。我想,他是守着人们给予他的同情,守着父亲的教诲,守着对亲人们深深的怀念,生活了下来;而且,用他自己那颗纯真的富于同情的心去温暖比他更弱的人,可是小卫红自己还是一个孩子呀,他需要爱,需要帮助。听众朋友,我想再放一遍小卫红的讲话录音,让我们再听一次这个孩子说过的话:(出录音)"现在啊,我人还小,不需要什么帮助,但是长大了,还有很大的困难。"

如果蒋卫红的父母你们此时此刻也在收听我们的节目,我很想对你们也说几句话。你们有一个多么可爱的孩子啊!他身体有病,学习不好,你们应该帮助他、理解他。他是孩子啊,又是病人。他是多么需要亲人的鼓励、支持和关怀。亲人的关怀和温暖可以坚定他对生活的信念和希望。当然,他也许成不了一个伟人。可是,我想,他做一个平凡的人,干自己力所能及的事情,也同样有意义。小卫红的父母,把你们的孩子找回来吧!让他回到亲人的怀抱,在亲人的微笑里,忘记过去的忧伤和恐惧,重新面对生活,做出自己的选择。父母的爱能舔平他幼小心灵上的伤痕。每一个孩子都是祖国的花朵,都应该有鲜花一样的童年。可是小卫红呢,他现在却远离亲人,一个人在外面擦皮鞋,当搬运工,苦苦想念着自己的父母。小卫红的父母,你们能听见孩子梦中的呼唤和哭泣吗?

听众朋友,近一两年来,小学生离家出走的现象很严重。孩子离家出走的原因比较复杂,其中有些孩子是因为父母不和,缺乏家庭温暖。刚才蒋卫红也谈到,他的父母吵架,不和睦。家庭的紧张气氛使孩子产生一种躲避的心理而离家出走。

中小学生出走的另一个重要原因是学习成绩不好,家长粗暴打骂,造成孩子精神上极度恐惧。我希望我们这些做父母的人要认真思考一下教育孩子的方法;同时,也要考虑孩子的实际情况,不是所有的孩子都是神童,不是所有的人都能成为伟人。伟人毕竟是少数,但是人类的历史是伟人和平凡的人共同书写的。从这一点来说,听众朋友,您能说普通人平凡的一生是没有意义的、是虚度时光的吗?

(间奏)

我们《午间半小时》节目曾经收到不少听众朋友的来信,希望我们能多讲点怎么样教育孩子这个问题。下面我想讲几个小故事,也许您能得到一点启发。英国著名诗人布莱克小的时候,有一天,他从幼儿园回家,路上看见一棵松树,他一下子站住看呆了。这棵松树又高又大,沐浴在夕阳的余晖里,浓密的枝叶缝隙中间,无数道光束向下倾泻,呈现出一片迷离的色彩。布莱克呆呆地望着这棵松树,心里充满了一种难言的激动。在他的眼前,出现了一幅美妙的景象:许多身穿彩衣的仙女,长着翅膀,在树枝间翩翩起舞,嬉笑游玩。布莱克又惊又喜,一口气跑回家去,把自己看到的仙女讲给父亲听,他讲得上气不接下气,还拉着父亲到大松树那儿去看,邻居们也跟着这父子俩跑。大家跑到大松树那儿一看,松树静悄悄的,夜幕慢慢降临,笼罩了一切,人们都瞪着眼睛问"仙女在哪儿啊?"

父亲很生气,打了布莱克两下,骂他是个说谎的孩子。以后布莱克又说他看见了仙女,父亲又打了他一顿。布莱克的母亲很细心,她想,这孩子总是看见一些别人看不见的东西,而且说起来认认真真,不像是有意骗人的样子,恐怕是这孩子的想象力特别丰富吧!不应该随便冤枉孩子,说他是撒谎。以后又遇到这种情况,母亲就为布莱克辩解,非常认真地听小布莱克绘声绘色地描述他看到的一切,跟他一起欢笑和悲伤。布莱克挨了父亲的打,又总是受别人嘲笑,他再也不大喊大叫了。他总是向母亲述说他的各种"奇遇"。他坐在屋子里,专心致志地把自己看到的美景画下来,写成诗,而母亲呢,总是小布莱克的热心听众和读者,鼓励他多写多画。后来,布莱克终于成为英国著名的诗人和画家。在诗歌创作当中,他打破了18世纪古典主义的束缚,以清新的民歌体和无韵体诗歌,抒写理想和生活,开创了浪漫主义诗歌的先河。

听众朋友,我想,如果没有母亲的爱护,布莱克的天才也许就在父亲的打骂和别人的嘲笑声中被湮灭了吧。所以,您哪,平时要多观察孩子的言行,要善于发现孩子的优点和缺点。每个孩子的第一任老师就是父母,您可得当好第一任老师呀!

伟大的生物学家达尔文就特别注意和自己的孩子交朋友。达尔文工作很忙,但是他并不因此就忽略对孩子的教育。他写道:"我的第一个孩子降生于1839年12月27日,从这天起,我就开始记录他的各种表情。"他对孩子的成长做了详细的解读。他和孩子站在完全平等的地位,孩子们认为,他是一个最令人喜欢的游伴。达尔文经常给孩子讲自己航行的见闻,开阔孩子的视野。本来他工作的时候,不准许孩子随便进入书房。可是呢孩子们玩着玩着,缺少什么针线啊、胶布啊、尺子啦,都要闯入父亲的禁区,达尔文也从来不责怪孩子。有一次,达尔文正伏案疾书,门被推开一个小缝,有一只小手伸进来,小手上放了6便士,4岁的儿子悄悄地把头伸进来,对他说:"爸爸,出来跟我们玩一会儿,这6便士给你买糖吃。"你看,多么天真可爱的孩子啊!达尔文放下笔,走出来,陪着孩子们玩了一会儿,然后说:"以后不要再打断爸爸的工作,好吗?"孩子懂事地点头答应,在他们看来,达尔文既是慈祥的父亲,又是快乐的朋友。

分析与提示:《不要使孩子成为流浪儿》通过小卫红流落街头的事,深刻地反映了社会生活中的问题,呼唤全社会都来关心孩子、救救孩子。从语言表达方式上,主持人根据内容的需要和情感的变化,采取人称称谓交叉和交谈对象交叉的方法,即主持人或是第一人称,或是第二人称,或是第三人称;交谈对象或是一对一,或是一对几,或是一对众多。主持人像摄影师一样,既可取大场面,又可取特写镜头。主持人虹云在讲怎样教育孩子的故事时,采用播讲式。交谈式的语言程序可以交叉和跳跃,而播讲式(讲故事)语言程序较为单一。前者可以由主持人进行设计,并可随机应变、随时调整;后者是由作品本身决定的,播讲者不能重新进行语言程序的设计。

第二节　社会服务节目

♪ **致台湾一位女中学生(节选)**

节　目:中央人民广播电台《空中之友》
主持人:徐曼

10.致台湾一位女中学生

亲爱的台湾同胞,您好!我是徐曼,感谢您收听我主持的《空中之友》节目。此刻,我不知道听众朋友当中有没有那位给我来信的台湾女学生。四月底,我收到了一封没有署名的听众来信。只是在读完这封信之后,我才知道,写信人是一位女学生,她就读于台湾一所很有名气的中学,今年只有十几岁。

这位女学生在来信当中谈到了她和她的同学们面临的升学压力,可悲的是,还有的学生为了升学而自杀。这位女学生说,她为了应付考试,每天用功读书到夜里两三点钟。许多同学眼睛近视了,毕业班只有几个人不近视,身体受到了摧残。可是当局呢,却毫不关心他们。用这位女学生的话说,他们专讲那些无济于事的鬼话,什么"三民主义必能统一中国"之类,这些使这位女学生很反感。这位女学生接着谈到了她对于国事、对于人生的一些看法,我觉得很有见地。她最后希望我能够介绍一下祖国大陆的升学制度。这位女中学生给我的来信信封的背面还写有"非本人,请勿拆阅"七个字。看完信以后,我想了一下,好像在给我来信的台湾听众朋友当中最年轻的就是这位只有十几岁的女中学生了。她年龄虽然不大,却显得很有见识。我呢,确实很喜欢结识这样的朋友。

现在,请允许我首先表示一个小小的心愿——如果这位女学生正在听广播而且同意的话,请您听我说,我愿意和您交个朋友,我把您看成自己的小妹妹,您呢,就称我为徐姐,好吗?今天,我非常高兴为这位台湾小妹妹主持这次节目,希望能得到您的喜欢。

听众朋友,给我来信的那位台湾小妹妹,看了您的信,我想了好多好多,脑子里一会儿浮现出许多台湾中学生单纯稚气的笑脸,并猜测着您的模样;一会儿呢,又想起我十几岁的时候,在中学里读书的情景,这对我来说,是一段多么愉快、多么难忘的时光啊!每当我回忆起这段生活的时候,心里真是甜滋滋的。

说到这儿呢,我想,听众朋友、台湾的小妹妹也许会对我中学时代的生活感兴趣吧?

记得我上中学的时候,学校老师要求我们做到"身体好,学习好,工作好",当时我不大理解,怎么第一好是身体好呢?学生不应当首先做到学习好吗?老师亲切地对我说,你们当然要刻苦学习,但是更重要的是锻炼身体,注意健康。因为你们还只有十几岁,正是长身体的时候,身体好才有充沛的精力去学习、去工作。听众朋友,台湾小妹,我觉得老师讲得挺有道理的,现在想起来,还有一种感激的心情。学校老师当时对我们是多么关怀呀。还记得当时学校经常组织学生检查身体,发现有病,及时为我们治疗。老师很关心我们的生活,经常问寒问暖。对了,老师还特别反对我们"开夜车",说熬夜不但对眼睛不好,而且影响身体发育,反复嘱咐我们做到每天九小时睡眠。睡得好、吃得好、运动好,学习起来才有劲头,事半功倍。我想,我把我的老师当年讲的这些话,在这儿告诉给亲爱的台湾小妹,也许小妹会从中得到启发吧?

  的确,我的中学时代是在无忧无虑中度过的,那时学习之余我们蹦啊,跳啊,唱啊。说到这儿,我想起了我们当年最喜欢唱的一首歌,歌的名字叫《让我们荡起双桨》。记得上中学的时候,一到星期天,我们就三五个同学聚集在一起,去北海公园划船,一边划,一边唱着《让我们荡起双桨》这首歌儿。听众朋友,台湾小妹,直到现在我还经常哼唱这首歌。我记得这首歌是这样唱的:"让我们荡起双桨,小船儿推开波浪,海面倒映着美丽的白塔,四周环绕着绿树红墙……"现在实在是唱不好了,您别见笑。

  ……

  亲爱的台湾小妹,您在来信当中提到的台湾社会的腐败,我也是很清楚的。我十分敬佩小妹能有这样锐利的目光。只是小妹现在还在求学,人小力单,还不足以同腐败势力相抗衡。所以呢,我劝小妹要注意安全,对许多问题还是默默地加以思考为好。说起来,许多问题的解决需要一个过程,性急是不行的。苹果熟了,自然要从树上掉下来,用一句成语,叫"水到渠成"。小妹,您说是不是这个道理呢?

  (略)

  听众朋友,我是徐曼,这次《空中之友》节目结束的时间又到了,谢谢您的收听!再会!

  分析与提示:这是一篇针对台湾听众的广播节目,在海峡两岸产生强烈反响。徐曼成了无数台湾听众的挚友。徐曼的声音如"一缕轻风飘过去",滋润着台湾同胞的心。这期节目是主持人说给"台湾一位女中学生"的,针对性很强。语言亲切、舒展、自然,真情吐露自己的心声。特别是把那位中学生"看成自己的小妹妹,您呢,就称我为徐姐",这不就是掏心窝子的话吗?主持人还为这位小听众唱起《让我们荡起双桨》这首家喻户晓的歌,给人们带来愉悦和欢欣。

神州旅游——介绍台湾名岳玉山

  听众朋友,您好!

今天呢，是七月八日。正是旅游的"旺季"。我为您介绍一下台湾海拔最高的名岳玉山。

玉山是台湾岛上的第一高峰，也是东亚地区，包括日本、朝鲜、东南亚各国及我国东南沿海的最高峰，海拔3,995米。玉山高大雄伟，像一位巨人，屹立在台湾的中部。它的形状虽然没有什么奇特之处，正如珠穆朗玛峰朴实无华的模样一样。但它端坐在台湾众山之上，论山势、论山容，玉山都有"王者至尊"的气派。由北向南看，它的容貌最壮观。高耸的山巅令人产生一种敬畏的感觉。清晨，玉山被云雾裹在山中，伟岸的山峰好像在酣睡一般。中午，玉山巨大的身躯突出在群峰之上，使人领略到万山"臣服"的意境。傍晚，红色的晚霞映得玉山金黄，玉山像穿上了一身金色的衣衫，真是壮丽无比。

爬玉山，更是一种乐趣，是锻炼身体和考验意志的好机会。若是在四、五、六月，登玉山的人可以饱览一丛丛绚丽的高山杜鹃花。高山杜鹃花可不像在盆里栽的杜鹃花那么小家碧玉，而是像一丛一丛的灌木，开着艳丽的大花。红的、粉的、白的，富丽而端庄，有十足的大家闺秀的气度，给登山人带来了幸福和享受。要说玉山之路最有名气的那还是爬栈道了。全程有六十七座，一座座的栈道悬在山崖之侧，深谷之上，使人心惊胆战。有的人开始不敢抬脚迈步，不过过了十几座以后，胆子也就磨壮了。越往前走，眼前的风物逐渐显得萧瑟了。箭竹取代了缤纷的草花。有时候，飘来一股云雾，人就驾了云。爬了一天的山，最好在排云山庄住一夜，在排云山庄旅馆的床上美美地睡一觉。第二天起个大早，只要经过一两个小时，就能爬上玉山的峰顶了。站在玉山顶上，北眺可以看到雪山，东瞰可以看到中央山脉的山头，南望可以看到大武山，向西可以看到阿里山、祝山。这时候，登山者成了全台湾位置最高的生命了。无论你欢呼也罢，歌唱也罢，甚至"嗷、嗷"大声怪叫也罢，也不会有人说你失态。因为登山者投向了大自然的怀抱，在大自然母亲的怀抱里，每个人都有权利撒撒娇，您说是不是？

听众朋友，刚才我给您介绍的是我国名岳玉山，希望您以后有机会也去登这座迷人的玉山。好，这次节目就到这儿。谢谢您的收听！再见。

分析与提示：这是广播中旅游节目的一篇稿件，介绍了玉山的美景，爬玉山的过程和感受及住宿等服务信息。播读这篇稿件,态度热情,语气亲切,对美景的描述突出画面感,对感受的诉说突出交流感。

♪ 文艺日历——陆游

听众朋友,今天是南宋词人陆游诞生862周年纪念日。

现在,我向您简单地介绍一下陆游。陆游,字务观,号放翁,是今天的浙江绍兴人。宋孝宗的时候,他被皇帝赐予进士,历任县主簿、州通判、知州、礼部郎中、秘书监等职;后来投身军旅生活,晚年退居家中。

陆游生活的年代,正是宋、金对峙的年代。这时,国土分裂,战争频繁,朝政黑暗。陆游主张坚决抗金,充实军备,以统一国家,同时整顿朝纲。然而,腐败的政权中,投降派窃居要职,陆游的政治主张得不到实现。陆游晚年,宋朝已丢失北方大片国土,偏安一隅。陆游虽然退居家中,但收复中原的信念始终不渝。这些,在他的大量诗词中,都表现得十分充分。陆游的诗、词,有着雄浑豪放的风格,像《关山月》《书愤》《农家叹》《示儿》等。有些描写日常生活的作品,则十分清新。

说起陆游,人们就会想起他和他的表妹唐婉的爱情悲剧,以及他那首流芳千古的《钗头凤》。

陆游年轻的时候,和表妹唐婉结婚,夫妻相敬如宾,十分恩爱。然而陆游的母亲不喜欢唐婉,硬要陆游与唐婉分开。陆游万般无奈,被迫和唐婉离异,但内心留下了巨大的痛苦。几年后的一个春日,陆游心情郁闷地在城郊的沈园独游,恰好遇到唐婉和她后来的丈夫也在游园。唐婉以酒肴款待他。陆游十分伤感,于是挥毫,题下一首缠绵悱恻的词篇,这就是《钗头凤》。陆游的《钗头凤》是这样写的:

> 红酥手,黄滕酒,
> 满城春色宫墙柳。
> 东风恶,欢情薄,
> 一怀愁绪,几年离索。
> 错!错!错!
> 春如旧,人空瘦,
> 泪痕红浥鲛绡透。

桃花落,闲池阁。

山盟虽在,锦书难托。

莫!莫!莫!

这首词的上阕,写两个人虽然久别重逢,却再不能温情如初,就像宫墙内的杨柳一样,可望而不可即,表达了作者深深的惆怅、追悔和愤恨。

词的下阕,继续写词人的痛苦。春日如旧,物是人非,那花落人稀的凄苦景象,更烘托诗人的满腹忧伤。

唐婉见了陆游的这首词后,也和了一首《钗头凤》,不久,抑郁而死。

分析与提示:这篇稿件简单介绍了陆游诗词风格的成因,以及他和表妹唐婉的爱情悲剧。陆游和唐婉的爱情故事可谓家喻户晓。这篇文稿感人至深,雅坤的播讲语气亲切,节奏沉缓,表达出两人之间荡气回肠的情感。

谈谈灵感

"灵感"是个很有魅力的词儿,对人们特别是对年轻人有着很大的吸引力。有人这样形容"灵感",说它是茫茫夜空中的流星,虽然转瞬即逝,却光彩夺目;也有人这样讲,灵感是智慧女神的使者,只有最聪明的人才能看到这位使者的尊容。真不知道从什么时候开始,灵感在它诱人的魅力中被人们增添了多少神秘的色彩。正是这神秘的色彩使不少人把灵感看成可望而不可即的东西,甚至为自己没有灵感而深感自卑。其实,灵感并不神秘,也绝不是可望而不可即的东西。应该说,灵感人人皆有,特别是青年人,感觉敏锐,记性好,思路敏捷,想象丰富,正是灵感迸发的大好年华。

那么,什么是灵感呢?灵感是一种最佳的创作心理。具体地讲,人们在创造性活动中,有时会突然产生某种新形象、新概念和新思想,这就是人们通常所说的"灵感"。灵感是人们在创造性活动中突然展现的最佳创造能力。它是创造性思维能力、创造性想象能力和记忆能力的巧妙融合。美国化学家普拉特和贝克曾经对灵感问题进行了调查研究。在他们调查的科学家中,33%的人产生灵感,5%的人偶尔产生,17%的人没有产生过灵感。

在这个调查中,我们可以看出,灵感还是普遍存在的。自称没有产生过灵感的17%的科学家据了解也并不是没有灵感,而是他们不承认灵感的存在。我们说,这些科学家有这种看法并不奇怪,这是因为,灵感往往是在长期从事科学研究中突然获得,并能使研究获得成功。

分析与提示:这篇稿件介绍了灵感的存在和灵感的成因。知识性服务节目往往内容的说理性较强。有些专业性较强的稿件可能不够通俗易懂,播讲时,更要注意表述清楚,用小事实说清大道理。

第三节　电视综艺节目

春节联欢晚会主持人串联词(节选)

(《鼓舞龙腾》把观众带到过年的喜庆气氛中,北京主会场和辽宁沈阳、陕西西安、湖南长沙、新疆喀什四大分会场一同"鼓舞",舞出中国年的高燃气势)

任鲁豫领(合):亲爱的观众朋友们,大家过年好!

任鲁豫:这里是中央广播电视总台2024年春节联欢晚会的直播现场,我们和全国各族人民、全世界的中华儿女相约守岁,喜迎甲辰龙年的到来!

龙　洋:今夜,我们辞别旧岁,华章谱新。过去的一年,我们守望相助,砥砺前行,无论风霜雨雪,我们同心鼓舞又一个春天。

尼格买提:今夜,我们举国同庆,共度佳节。九州春色、四方欢歌,洋溢着万物复苏的勃勃生机。无论天南海北,神州大地欢庆又一个新年。

马凡舒:今夜,我们放下一年的忙碌,依偎在家人身边,团聚在幸福门前。无论千里万里,中华儿女共同奔赴一场团圆。

撒贝宁:今夜,我们共享春晚这道年夜大餐。我们的奋斗、我们的欢乐、我们的感动就是我们的春晚。无论银屏内外,龙的传人共书新春祝福。

任鲁豫:龙行东方,春满中华。龙腾华夏,福到万家。在这迎春纳福,喜庆吉祥的日子里,我们给大家,(合)拜年啦!

……

撒贝宁:美好生活必须要有热气腾腾的美食,只有这样才能把生活过得有滋有味、红红火火。

尼格买提：好好好，那接下来就让我们通过一个奇妙的节目去看一个五谷丰登的大中国，咱们一起让新的一年《别开生面》。

(《别开生面》是一档创意年俗秀节目。《别开生面》节目演绎"面食里的大中国"，介绍了各地的年俗与饮食文化。节目中，来自陕西、四川、天津等地的特色"年味"，随着歌舞表演逐一亮相)

马凡舒：果然是别开生面，这每一种春节的符号都代表了一份美好的祝愿。

任鲁豫：没错，过年就是要图一个好彩头，我先送一个荔枝纹样，祝小朋友们聪明伶俐；我再送一个葫芦纹样，祝老人家福寿双全；我再送一个荷花纹样，祝大家和和美美。

马凡舒：接下来这个节目，我们特别邀请了敦煌艺术和工艺美术设计研究专家，今年已经93岁高龄的常沙娜女士，她把这千百年来最具代表性的纹样汇聚到一起，祝大家日日繁花似锦，(合)年年锦上添花。

(中国传统纹样创演秀《年锦》通过歌曲+虚拟合成技术，用寓意吉祥祝福的中国古代代表纹样上演了一场"人从画中来"的"古代时装大秀")

……

(《枕着光的她》以干净温柔的民谣旋律，透过年轻人回家的视角，将老一辈人温暖质朴的爱情娓娓道来，展现了生活中细微而真切的美好情感)

马凡舒：生活当中那些平凡的幸福总是默默无声，却又悄悄发芽。

龙　洋：是呀，接下来我们邀请大家共赴另一种美好，走进一个波光粼粼的童话世界，来看一场小鹅奇遇记。请欣赏《鹅鹅鹅》。

尼格买提：鹅鹅鹅，曲项向天歌。此情此景我想吟诗一首，二位兄台，春光渐进，关于春天，雨有话要说。好雨知时节，当春乃发生。

任鲁豫：关于春天，风有话要说。不知细叶谁裁出，二月春风似剪刀。

撒贝宁：关于春天，燕子有话要说。燕子说(合)这里的春天最美丽！春天到了，在这大好的时光里，我们邀请各位和我们一块儿上春山。

(在绿水青山的诗意空间里赏景欢歌，一首欢快热烈的《上春山》，在春晚舞台上唱响春意融融，尽显万象更新的新春景象)

……

(张杰、孙楠合唱的一首《龙》，高音贯穿全场，燃炸全场)

任鲁豫：龙，是中华民族的图腾，具有刚健威武的雄姿，勇猛无畏的气概，具有福泽四海的情怀，具有强大无比的力量。接下来，我们要把一份特别的礼献给所有龙的传人。它将连接起所有中华儿女的真心与真情。在这温馨团聚的时刻，让我们有请海峡两岸和港澳的朋友们，我们这厢有礼。

（多位歌星与来自海峡两岸和港澳的小朋友们深情献唱《礼序》，用清新美好的歌词和春风拂面的旋律唱出所有中国人同守一个礼、同过一个团圆年的动人画面）

马凡舒：每次看到这样相亲相爱的场景，总是会特别感动。为什么说我们是一家人，因为我们同守一个礼、同过幸福年，中华大家庭盼的就是个团团圆圆。

……

马凡舒：此时此刻，万家灯火共团圆，但有这样一些人，依然默默坚守自己的站位，为祖国、为人民守岁。他们说，除夕夜有军人守护，请安心过年。

尼格买提：今天，我们邀请到这些最可爱的人当中的代表，唱出他们捍卫和平的铁血担当，唱出强军有我、决胜未来的豪迈誓言。

（一首军歌《决胜》，展现了新时代官兵的崭新风貌和昂扬斗志）

龙　洋：为你们骄傲，为生在中国而骄傲。亲爱的朋友们，2024年是中华人民共和国成立75周年。

任鲁豫：无论是辛勤劳作的农民，埋头苦干的工人，敢闯敢拼的创业者，还是每一个奋斗的人，大家都在自己的岗位上，作出了不平凡的贡献，每一个人都谱写了一曲无我的赞歌。

龙　洋：我将无我，此心献给祖国。

任鲁豫：我将无我，青春做伴山河，让我们共同谱写中国式现代化的时代华章。

（韩红的一首《无我》唱出了大爱无疆，唱出了千山万水、意味深长的为民情怀）

……

任鲁豫：亲爱的朋友们，此时此刻，我们已经热血沸腾了，大家都在期盼着新春钟声的敲响，新的一年马上就要来到了，各地的朋友们，你们准备好了吗?

……

任鲁豫：此时此刻，一个个赤诚的心愿都变得无比的神圣。新的一年，相信所有美好的愿望都能实现。

龙　洋：新的一年，愿我们每个人的愿望都能实现，愿我们有家人相守、朋友相伴，愿人间烟火洋溢平凡幸福的每一天。

尼格买提：新的一年，相信我们的国会越来越好，愿天佑中华、国泰民安，愿伟大的中华民族，不惧风雨、昂首向前。

马凡舒：新的一年，相信世界会越来越好，愿鲜花挂满枝头、和平的阳光洒满大地，愿我们每个人都能收获前行路上的美好。

撒贝宁：新的一年，相信我们自己会越来越好。愿我们穿过风雨，有阳光普照；愿我们踏过冬雪，看春暖花开。

任鲁豫：亲爱的朋友们，新的春天马上就要来到，让我们祝福伟大的祖国，在新的一年里，龙腾九霄、蒸蒸日上！朋友们，你们准备好了吗？来，让我们一起迎接这个灿烂的春天！倒计时：十、九、八、七……（略）

分析与提示：春晚节目主持人任鲁豫、龙洋、撒贝宁、马凡舒、尼格买提都有丰富的节目主持经验和舞台表演技能。他们配合默契、控场娴熟、频繁互动，使全场气氛如春花烂漫。整场的春晚主持呈现张弛有度、收放自如的台风。

从专业角度讲，他们采用的是有声语言表达类别中的背诵主持式，即"能将大段大段的稿件有声有色地、流畅地表达出来"，这是语言基本功过硬的表现。

晚会拉开大幕，每位主持人都用一句"今夜"开场。倒计时前，每位主持人又都用一句"新的一年"给人以信心和力量。有激情，有节奏，是推进式的语势。

这种超大型文艺晚会，主持人的语言不能像一般的娱乐节目主持那样，不能用聊天式的语气，而是要动情、要压台、要震台，要有节奏的变化和推动力。

欢腾除夕夜　京城不夜天(节选)

（除夕晚会流动拜年车）

（北京电视台前）

（男、女节目主持人）

男：观众朋友！

女：你们好！

男：北京电视台迎春除夕晚会已经隆重开始。

女：我们流动拜年车队已经整装待发！

男：今天，我们将以一个别开生面的形式，与各位观众朋友和北京人民共同欢度除夕。

女：我们流动拜年车队将陆续带领大家环绕京城，到几个别具特色的外景欢乐场区，去一饱眼福、开心娱乐。

男：我们将把一个最热闹的北京除夕献给您！

女：我们将把一个最红火的北京除夕献给您！

男：我们将把一个最欢乐的北京除夕献给您！

女：我们将把一个最意想不到的北京除夕献给您！

男：总之，我们的目的只有一个，我们将把电视机的镜头推到您的家门前。

合：和大家一起过年！

分析与提示：这是除夕之夜的一段外景主持。练习时，应精神饱满，热情兴奋，用充满喜悦之情的表达感染观众。

第十四章　文艺作品训练

第一节　诗　歌

♪ **观沧海**

　　曹操

东临碣石，以观沧海。
水何澹澹，山岛竦峙。
树木丛生，百草丰茂。
秋风萧瑟，洪波涌起。
日月之行，若出其中；
星汉灿烂，若出其里。
幸甚至哉，歌以咏志。

12. 观沧海

分析与提示：作者通过对美丽大自然的描写，抒发对壮美山河的无比热爱。朗读四言古诗时，采用两两节拍，如："东临/碣石，以观/沧海。""秋风/萧瑟，洪波/涌起。"两字中间有一个心理停顿，从语义上讲，后两个字要强调，适当突出。著名播音艺术家夏青以雄浑的声音和沉稳的情感将这首诗的诗情画意再现出来，听来有身临其境之感。

石壕吏
杜甫

13. 石壕吏

暮投石壕村,有吏夜捉人。
老翁逾墙走,老妇出门看。
吏呼一何怒!妇啼一何苦!
听妇前致词:三男邺城戍。
一男附书至,二男新战死。
存者且偷生,死者长已矣!
室中更无人,惟有乳下孙。
有孙母未去,出入无完裙。
老妪力虽衰,请从吏夜归。
急应河阳役,犹得备晨炊。
夜久语声绝,如闻泣幽咽。
天明登前途,独与老翁别。

分析与提示:杜甫的这首诗描写了老妇一家在战乱中的悲惨命运,叙述具体、描写细腻。最后两句"夜久语声绝,如闻泣幽咽。天明登前途,独与老翁别。"表达了作者对人物命运的担忧和牵挂。

念奴娇·赤壁怀古
苏轼

大江东去,浪淘尽,千古风流人物。故垒西边,人道是,三国周郎赤壁。乱石穿空,惊涛拍岸,卷起千堆雪。江山如画,一时多少豪杰。

遥想公瑾当年,小乔初嫁了,雄姿英发。羽扇纶巾,谈笑间,樯橹灰飞烟灭。故国神游,多情应笑我,早生华发。人生如梦,一樽还酹江月。

分析与提示:这首词大气磅礴、豪放雄浑。朗诵时要稳健有力、高亢坚实。将情感和气息融为一体,语言更加舒展,韵味悠长。

♪ 木兰诗

14. 木兰诗

唧唧复唧唧,木兰当户织。不闻机杼声,惟闻女叹息。

问女何所思,问女何所忆。女亦无所思,女亦无所忆。昨夜见军帖,可汗大点兵,军书十二卷,卷卷有爷名。阿爷无大儿,木兰无长兄,愿为市鞍马,从此替爷征。

东市买骏马,西市买鞍鞯,南市买辔头,北市买长鞭。旦辞爷娘去,暮宿黄河边,不闻爷娘唤女声,但闻黄河流水鸣溅溅。旦辞黄河去,暮至黑山头,不闻爷娘唤女声,但闻燕山胡骑鸣啾啾。

万里赴戎机,关山度若飞。朔气传金柝,寒光照铁衣。将军百战死,壮士十年归。

归来见天子,天子坐明堂。策勋十二转,赏赐百千强。可汗问所欲,木兰不用尚书郎,愿驰千里足,送儿还故乡。

爷娘闻女来,出郭相扶将;阿姊闻妹来,当户理红妆;小弟闻姊来,磨刀霍霍向猪羊。开我东阁门,坐我西阁床,脱我战时袍,著我旧时裳。当窗理云鬓,对镜贴花黄。出门看火伴,火伴皆惊忙:同行十二年,不知木兰是女郎。

雄兔脚扑朔,雌兔眼迷离;双兔傍地走,安能辨我是雄雌?

分析与提示:《木兰诗》是一首脍炙人口的长篇叙事诗,记叙了巾帼英雄木兰替父从军的故事。朗诵这首诗要着力体现木兰刚强的性格和高尚的情操。"旦辞爷娘去……但闻燕山胡骑鸣啾啾"和"爷娘闻女来……对镜贴花黄",前段沉郁,后段欢快。通过"开""坐""脱""著""理""贴"的动作,体现人物的个性特征。首句以声传情;尾句既表现形象性,又体现哲理性。这首诗诗句匀称。朗诵时应处理好平仄,使抑扬顿挫自成节奏。从语言训练的角度,朗读这首诗不仅可以把表意、抒情、绘景结合起来,还可以训练吐字归音、气息控制,使字音丰满而圆润,气息流畅而自如。

小草

朱自清

睡了的小草,
如今苏醒了!

立在太阳里，
欠伸着，揉她们的眼睛。

萎黄的小草，
如今绿色了！
俯仰惠风前，
笑迷迷地彼此向着。

不见了的小草
如今随意长着了！
鸟儿快乐的声音，
"同伴，我们别得久了！"

好浓的春意呵！
可爱的小草，我们的朋友，
春带了你来么？
你带了她来呢？

分析与提示：以写抒情散文而闻名的朱自清写的这首脍炙人口的《小草》，叫人读来爱不释手。诗人用拟人化手法，把小草写得活灵活现。有的词用得非常精当，如"笑迷迷地彼此向着"的"向"，给人以强烈的动感效果。这首诗没有韵脚，多用语气词，如"了""么""呢"，使语句更加自然、活泼。

小花

小花，小花，
你有伙伴吗？
小花挨着小草羞羞答答。
小草，小草，
你有姐妹吗？
小草依偎着小花，
吐出毛茸茸的嫩芽。

于是，小花和小草牵着小手，
从初春走到盛夏，
香飘大地，绿满天涯……

分析与提示：作者用拟人的手法把小花、小草比喻成两个小姐妹。小花与小草的"对话"，要亲切、自然；节奏上"小花，小花，你有伙伴吗？"和"小草，小草，你有姐妹吗？"可稍快，而"小花挨着小草羞羞答答"和"小草依偎着小花，吐出毛茸茸的嫩芽"可慢些，并再现情景；"香飘大地，绿满天涯……"要渐慢、渐弱，呈现渐远的意境。

乡愁

余光中

小时候，
乡愁是一枚小小的邮票，
我在这头，
母亲在那头。

长大后，
乡愁是一张窄窄的船票，
我在这头，
新娘在那头。

后来啊，
乡愁是一方矮矮的坟墓，
我在外头，
母亲在里头。

而现在，
乡愁是一湾浅浅的海峡，
我在这头，
大陆在那头。

分析与提示：这首诗以时间的变化和推移，对应人生的四个阶段，即"小时候""长大后""后来""现在",同时对应"邮票""船票""坟墓""海峡"。诗虽短,但内涵十分丰富,表达作者"悲歌可以当泣,远望可以当归"的绵长之情。诗中的"一枚""一张""一方""一湾"加深了全诗的音韵之美。"愁"字深深地表达了作者的思乡之情。朗诵时要把这个"愁"字拖住,使情感更加浓烈,随后一个心理停顿,将"愁"进一步延伸。本诗是忧伤的基调、舒缓的节奏。诗的最后两句"我在这头,大陆在那头",朗诵时,声音要有"远望"的感觉。

♪ **梅岭三章**

陈毅

15. 梅岭三章

断头今日意如何?
创业艰难百战多。
此去泉台招旧部,
旌旗十万斩阎罗。

南国烽烟正十年,
此头须向国门悬。
后死诸君多努力,
捷报飞来当纸钱。

投身革命即为家,
血雨腥风应有涯。
取义成仁今日事,
人间遍种自由花。

分析与提示:《梅岭三章》写于第二次国内革命战争时期。作者写这首诗的时候,正处于敌人的重兵包围之中,表现了作者"取义成仁今日事,人间遍种自由花"的视死如归的坚强意志和革命必胜的坚定信心。

朗诵这首诗时要以澎湃的激情歌颂老一辈无产阶级革命家的英雄气概。气势要浩大、声音明亮有力。在情和气的结合上,需要情感和气息的迸发和喷涌。

致橡树

舒婷

我如果爱你——
绝不像攀援的凌霄花,
借你的高枝炫耀自己;
我如果爱你——
绝不学痴情的鸟儿,
为绿荫重复单调的歌曲;
也不止像泉源,
常年送来清凉的慰藉;
也不止像险峰,
增加你的高度,衬托你的威仪。
甚至日光。
甚至春雨。
不,这些都还不够!
我必须是你近旁的一株木棉,
作为树的形象和你站在一起。
根,紧握在地下;
叶,相触在云里。
每一阵风过
我们都互相致意,
但没有人
听懂我们的言语。
你有你的铜枝铁干,
像刀,像剑,也像戟;
我有我红硕的花朵,
像沉重的叹息,
又像英勇的火炬。
我们分担寒潮、风雷、霹雳;

我们共享雾霭、流岚、虹霓。
仿佛永远分离,
却又终身相依。
这才是伟大的爱情,
坚贞就在这里:
爱——
不仅爱你伟岸的身躯,
也爱你坚持的位置,
足下的土地。

分析与提示:《致橡树》运用象征的手法和内心独白的方式,表达了对爱情的追求。诗中的橡树比喻男性的阳刚气质,木棉树比喻女性的柔韧气质。它们都是独立的个体,木棉(女性)要作为树的形象和你(男性)站在一起,表达作者的爱情观。朗读时,要把握好"内心独白"的抒情方式,感情强烈于内、声音舒缓于外,使节奏的变化更加自如。

再别康桥

徐志摩

轻轻的我走了,
　　正如我轻轻的来;
我轻轻的招手,
　　作别西天的云彩。

那河畔的金柳,
　　是夕阳中的新娘;
波光里的艳影,
　　在我的心头荡漾。

软泥上的青荇,
　　油油的在水底招摇;
在康河的柔波里,

　　　　我甘心做一条水草！

　　那榆荫下的一潭，
　　　　不是清泉,是天上虹；
　　揉碎在浮藻间，
　　　　沉淀着彩虹似的梦。

　　寻梦？撑一支长篙，
　　　　向青草更青处漫溯；
　　满载一船星辉，
　　　　在星辉斑斓里放歌。

　　但我不能放歌，
　　　　悄悄是别离的笙箫；
　　夏虫也为我沉默，
　　　　沉默是今晚的康桥！

　　悄悄的我走了，
　　　　正如我悄悄的来；
　　我挥一挥衣袖，
　　　　不带走一片云彩。

分析与提示：徐志摩的诗歌具有很强的艺术感染力。诗的语言清新、比喻新奇、想象丰富、意境优美。《再别康桥》表达了诗人对康桥的眷念之情。朗诵时，要把诗人的情感表达出来。在声情的运用上要轻柔，使情感的抒发更绵长、细腻。诗人从开篇到结尾始终"在小心地疏导放流着内心的激情"，要深切体会作者"轻轻""悄悄""沉默"背后的那种激情。从"寻梦？……"到"……放歌"要有一种推进的语势，并加快节奏。"但我不能放歌……沉默是今晚的康桥"，又进入舒缓的节奏。诗的最后四句，回环照应到诗的开头。

亲爱的宝贝，妈妈永远爱你（节选）
　　——献给汶川大地震中的伟大母亲

　　孩子，你安静地睡吧。

这世界发生了什么,
妈妈不会告诉你。
你来到这个人世才三个月啊,
孩子,妈妈不允许你受到一丝一毫的惊吓和伤害。
孩子,妈妈的背上有一座咆哮之后的大山,
妈妈替你挡住它,
绝不能让它压在你幼小的身体上。
孩子啊,妈妈的力量也很小,
妈妈只能用朝拜的姿势,
用这唯一不变的姿势,渡你到生命的彼岸。
孩子,妈妈只能用一只手抚摸你娇嫩的脸蛋,
我知道自己将不久于人世。
孩子,妈妈只能用这只爱抚过你成百上千遍的手,
为你在手机里留下几行字:
"亲爱的宝贝,如果你还能活下来,你一定要记住:妈妈永远爱你。"

分析与提示:这是一篇献给汶川大地震中伟大母亲的诗。这首诗以第一人称的叙述展开,文中出现六次"孩子",是在危难中对亲人的呼唤,表达了母亲对孩子的无限爱恋。最后一句,妈妈在手机里留下的这句话,让人听得撕心裂肺,要表达妈妈对孩子全部的爱。

雪花飘(儿歌)

飘游在空中,
你从哪里来?
攀联在一起,
漫天滚滚来。

飞舞在空中,
铺天盖地来。
雪花连成片,
你把万物盖。

雪白晶莹体，
唯有你出彩。
瞬间扑面来，
神似梨花开。

雪花看我来，
花开在窗外。
独特六角形，
你有多气派。

鹅毛大雪飞，
吞噬雾阴霾。
大地披素装，
皎洁无垠白。

雪花飘过来，
在我肩上踩。
眼睛眨呀眨，
眉毛边上呆。

瑞雪兆丰年，
悠悠千万载。
寒光照雪衣，
驻守在边塞。

冬去春又来
冰雪融入海。
静静在等待，
盼你早归来。

分析与提示：这首儿歌是对"雪"的热情赞美，特别描写了雪与人的情感，如"雪花看我来，花开在窗外""雪花飘过来，在我肩上踩。眼睛眨呀眨，眉毛边上呆"。

诗的结尾"静静在等待，盼你早归来"具有双重含义，一是盼雪花归来，二是盼战士亲人归来。

第二节 散 文

家乡的桥

郑莹

家乡的桥是我梦中的桥。

家乡村边有一条河，曲曲弯弯，河中架一弯石桥，弓样的小桥横跨两岸。

每天，不管是鸡鸣晓月，日丽中天，还是月华泻地，小桥都印下串串足迹，洒落串串汗珠。那是乡亲为了追求多棱的希望，兑现美好的遐想。弯弯小桥，不时荡过轻吟低唱，不时露出舒心的笑容。

因而，我稚小的心灵，曾将心声献给小桥：你是一弯银色的新月，给人间普照光辉；你是一把闪亮的镰刀，割刈着欢笑的花果；你是一根晃晃悠悠的扁担，挑起了彩色的明天！哦，小桥走进我的梦中。

我在漂泊他乡的岁月，心中总涌动着故乡的河水，梦中总看到弓样的小桥。当我访南疆探北国，眼帘闯进座座雄伟的长桥时，我的梦变得丰满了，增添了赤橙黄绿青蓝紫。

弯弯的小桥，是我梦中的桥吗？

30 多年过去，我戴着满头霜花回到故乡，第一紧要的便是去看望小桥。

啊！小桥呢？小桥躲起来了？河中一道长虹，浴着朝霞熠熠闪光。哦，雄浑的大桥敞开胸怀，汽车的呼啸、摩托的笛音、自行车的丁零，合奏着交响乐；南来的钢筋、花布，北往的柑橙、三鸟，绘出交流欢跃图……满桥豪笑满桥歌啊！

蜕变的桥,传递了家乡进步的消息,透露了家乡富裕的声音。时代的春风,美好的追求,我蓦地记起儿时唱给小桥的歌,哦,明艳艳的太阳照耀了,芳香甜蜜的花果捧来了,五彩斑斓的月幕拉开了!

我心中涌动的河水,激荡起甜美的浪花。我仰望一碧蓝天,心底轻声呼喊:家乡的桥呀,我梦中的桥!

分析与提示:这是一篇抒情散文,表达作者对家乡的眷恋之情,抒情强烈、细腻动人。这篇散文较适合舒缓的节奏,在"哦,雄浑的大桥敞开胸怀……绘出交流欢跃图"要加快节奏、语调扬起,以表达对家乡巨变的喜悦心情。

愿化泥土(节选)
巴金

最近听到一首歌,我听见人唱了两次:《那就是我》。歌声像湖上的微风吹过我的心上,我的心随着它回到了我的童年,回到了我的家乡。近年来,我非常想念家乡,大概是到了叶落归根的时候吧。有一件事深深地印在我的脑子里,三年半了。我访问巴黎,在一位新认识的朋友家中吃晚饭。朋友是法籍华人,同法国小姐结了婚,家庭生活很幸福。他本人有成就,有名望,也有很高的地位。我们在他家谈得畅快,过得愉快。可是告辞出门,坐在车上,我却摆脱不了这样一种想法:长期住在国外是不幸的事。一直到今天我还是这样想。我也知道这种想法不一定对,甚至不对。但这是我的真实思想。几十年来有一根绳子牢牢地拴住我的心。1927年1月,在上海上船去法国的时候,我在《海行杂记》中写道:"再见吧,我不幸的乡土哟!"1979年4月再访巴黎,住在凯旋门附近一家四星旅馆的四楼,早饭前我静静地坐在窗前扶手椅上,透过白纱窗帷看窗下安静的小巷,在这里我看到的不是巴黎的街景,却是北京的长安街和上海的淮海路,杭州的西湖和广东的乡村,还有成都的街口有双眼井的那条小街……到8点钟有人来敲门,我站起来,我又离开了"亲爱的祖国和人民"。每天早晨都是这样,好像我每天回国一次去寻求养料。这是很自然的事,我仿佛仍然生活在我的同胞中间,在想象中我重见那些景象,我觉得有一种力量在支持我。于是我感到精神充实,心情舒畅,全身暖和。

我经常提到人民,他们是我所熟悉的数不清的平凡而善良的人。我就是在这些人中间成长的。我的正义、公道、平等的观念也是在门房和马房里培养起来的。我从许多被生活亏待了的人那里学到热爱生活、懂得生命的意义。越是不宽裕的人越慷慨,越是富足的人越吝啬。然而人类正是靠这种连续不断的慷慨的贡献而存在、而发展的。

近来我常常怀念六七十年前的往事。成都老公馆里马房和门房的景象,时时在我眼前出现。一盏烟灯,一床破席,讲不完的被损害、受侮辱的生活故事,忘不了的永远不变的结论:"人要忠心。"住在马房里的轿夫向着我这个地主的少爷打开了他的心。老周感慨地说过:"我不光是抬轿子。只要对人有好处,就让大家踏着我走过去。"我躲在这个阴湿的没有马的马房里度过多少个夏日的夜晚和秋天的黄昏。

门房里听差的生活可能比轿夫的好一些,但好得也有限。在他们中间我感到舒畅、自然。后来回想,我接触到通过受苦而净化了的心灵就是从门房和马房里开始的。只有在十年动乱的"文革"期间,我才懂得了通过受苦净化心灵的意义。我的心常常回到门房里爱"清水"恨"浑水"的赵大爷和老文,马房里的轿夫老周和老任的身边。人已经不存在了,房屋也拆干净了。可是过去的发过光的东西,仍然在我心里发光。我看见人们受苦,看见人们怎样通过受苦来消除私心杂念。在"文革"期间,我想得多,回忆得多。有个时期,我也想用受苦来赎罪,努力干活。我只是为了自己,盼望早日得到解放。私心杂念不曾消除,因此心灵没有得到净化。

现在我明白了,受苦是考验,是磨炼,是咬紧牙关挖掉自己心灵上的污点。它不是形式,不是装模作样。主要是严肃地、认真地接受痛苦。"让一切都来吧,我能够忍受。"

我没有想到自己还要经受一次考验,我摔断了左腿,又受到所谓最保守、最保险方法的治疗。考验并未结束,我也没有能好好地过关。在病床上,在噩梦中,我一直为私心杂念所苦恼。以后怎样活下去?我不能回答这个问题。

漫长的不眠之夜仿佛一片茫茫的雾海,我多么想抓住一块木板浮到岸边。忽然我看见了透过浓雾射出来的亮光:那就是我回到了老公馆的马房和门房。我又看到了老周的黄瘦脸和赵大爷的大胡子。我发觉自己是在私心杂念的包围中,无法净化自己的心灵。门房里的瓦油灯和马房里的烟灯救了我,使我的心没有在雾海中沉下去。我终于记起来,那"老师"教我的正是去掉私心和忘掉自己。被生活薄待的人会那样地热爱生活,跟他们比起来,我算得什么呢?我几百万字的著作还不及轿夫老周的四个字"人要忠心"。(有一次他们煮饭做菜,我帮忙烧火,火不旺,他教我"人要忠心,火要空心"。)想到在马房里过的那些黄昏,想到在门房里过的那些夜晚,我仿佛回到了自己的童年。

我多么想再见到我童年时期的脚迹!我多么想回到我出生的故乡,摸一摸我念念不忘的马房的泥土。可是,我像一只给剪掉翅膀的鸟,失去了飞翔的希望。我的脚不能动,我的心不能飞。我的思想……但是我的思想会冲破一切的阻碍,会闯过一切难关,会到我怀念的一切地方,它们会像一股烈火把我的心烧成灰,使我的私心杂念化成灰烬。

我家乡的泥土,我祖国的土地,我永远同你们一起接受阳光雨露,和花树、禾苗一同生长。

我唯一的心愿是化作泥土,留在人们温暖的脚印里。

分析与提示:巴金的《随想录》收录了他晚年的一些作品。"文化大革命"给巴金带来灾难,但他直面自己的人格曾出现的扭曲,用真实的写作填补自己曾一度出现的精神空白。《愿化泥土》就是这一时期的作品。这篇作品表达了作者对家乡的思念和眷恋,对人民的"人要忠心"的朴素思想给予了赞美。播讲者以"我"的口吻转述作者的这段经历和情感。既然是转述,就有一个分寸的把握,要恰到好处、叙述清楚。文中富有哲理的人生感悟,如"越是不宽裕的人越慷慨,越是富足的人越吝啬",语气要适当加重。文中最后两段,是在悲伤中看到了希望的曙光,坦露作者"愿化泥土"的心愿,表达时内在情感要丰满。

♪ 谈骨气
吴晗

我们中国人是有骨气的。

17. 谈骨气

战国时代的孟子,有几句很好的话:"富贵不能淫,贫贱不能移,威武不能屈,此之谓大丈夫。"意思是说,高官厚禄收买不了,贫穷困苦折磨不了,强暴武力威胁不了,这就是所谓大丈夫。大丈夫的这种种行为,表现出了英雄气概,我们今天就叫作有骨气。

我国经过了奴隶社会、封建社会的漫长时期,每个时代都有很多这样有骨气的人,我们就是这些有骨气的人的子孙,我们是有着优良革命传统的民族。

当然,社会不同,阶级不同,骨气的具体含义也不同。这一点必须认识清楚。但是，就坚定不移地为当时的进步事业服务这一原则来说，我们祖先的许多有骨气的动人事迹，还有它积极的教育意义，是值得我们学习的。

南宋末年，首都临安被元军攻入，丞相文天祥组织武装力量坚决抵抗。失败被俘后，元朝劝他投降，他写了一首诗，其中有两句是："人生自古谁无死，留取丹心照汗青。"意思是，人总是要死的，就看怎样死法，是屈辱而死呢，还是为民族利益而死？他选取了后者，要把这片忠心记录在历史上。文天祥被拘囚在北京一个阴湿的地牢里，受尽了折磨，元朝多次派人劝他，只要投降，便可以做大官，但他坚决拒绝，终于在公元1282年被杀害了。

孟子说的几句话，在文天祥身上都表现出来了。他写的有名的《正气歌》，歌颂了古代有骨气的人的英雄气概，并且以自己的生命来抗拒压迫，号召人民继续起来反抗。

另一个故事是古代有一个穷人，饿得快死了，有人丢给他一碗饭，说："嗟，来食！"意思是说：喂，来吃！饿人拒绝了"嗟来"的施舍，不吃这碗饭，后来就饿死了。不食嗟来之食这个故事很有名，传说了千百年，也是有积极意义的。那人摆着一副慈善家的面孔，吆喝一声"喂，来吃！"这个味道是不好受的。吃了这碗饭，第二步怎样呢？显然，他不会白白施舍，吃他的饭就要替他办事。那位穷人是有骨气的：看你那副脸孔、那个神气，宁可饿死，也不吃你的饭。

不食嗟来之食，表现了中国人民的骨气。

还有个例子。民主战士闻一多是在1946年7月15日被国民党枪杀的。在这之前，朋友们得到要暗杀他的消息，劝告他暂时隐蔽，他毫不在乎，照常工作，而且更加努力。明知敌人要杀他，在被害前几分钟还大声疾呼，痛斥国民党特务，指出他们的日子不会很长久了，人民民主一定得到胜利。毛主席在《别了，司徒雷登》一文中指出："许多曾经是自由主义者或民主个人主义者的人们，在美国帝国主义者及其走狗国民党反动派面前站起来了。闻一多拍案而起，横眉怒对国民党的手枪，宁可倒下去，也不愿屈服。"高度赞扬他表现了我们民族的英雄气概。

孟子的这些话，虽然是在2,000多年以前说的，但直到现在，还有它积极的意义。当然我们无产阶级有自己的英雄气概，有自己的骨气，这就是决不向任何困难低头，压不扁，折不弯，顶得住，吓不倒，为了社会主义、共产主义建设的胜利，我们一定能够克服任何困难，奋勇前进！

分析与提示：本文是一篇非常经典的说理散文，观点鲜明，论据典型；叙议结合，论证周密；语言朴实，通俗易懂；前后呼应，结构严谨。本文自然段较多，首先要做好归并和划分工作。第1~3自然段为第一部分，提出观点，为下文展开论述做了必要又充足的准备。第4~9自然段为第二部分，用三个例子充分证明"我们中国人是有骨气的"。第10个自然段总结全文，重申中心论点，表明坚定的信念。播读时，应注意论点和论据之间的关系，体现整篇文章的逻辑脉络。

人生是一种境界

胡 昕

我们的第一声啼哭，就暗示了世道的艰难。因此，我们不能不凭借自己的双脚，在这个世界上跑来跑去。

太多的期待，太多的幻想，支撑起我们灵魂的星空，使我们习惯于在毁灭中求生，在绝壁间寻路。

我们必须从从容容。

人生，永远是一枚青涩的果子。

这其实是一种幸运。我们有充足的理由高悬于枝头。在天地之间，在幸福与痛苦之间，展示自己。

一切不要太在意。

纵然卑微如涧边之草，纵然崇高如峰间之松，流水行云，都是匆匆一生。

……摊开的手掌，同时落满了阳光与风雪。我们原本就是凭借鲜花与荆棘，凭借果园与荒漠，把握住生存的根据。

学会走路，学会爱恨，学会在心灵流血的时候，打起精神。

我们必须从从容容。

在失恋的雨季中，牢记住初恋的晴空。

在凄迷孤苦中，怀想远方的朋友。

忧伤时，握手为拳，唤醒窗外那一片属于自己的风景。

人生之无奈，也就在于我们永远不能企及自己梦想中的一切。

既然我们无法抓着自己的头发升上太空，那么，我们倒不如深情地低下头，挥去天边那诱人的彩霞，热恋我们脚下这一方实实在在的土地。

食人间烟火,尝甜酸苦辣,尽喜怒哀乐,历荣辱盛衰,这未必不是一种福。

我们必须从从容容。

在不尽的旅程中,用足音与这个世界交谈;

在风雪的荒凉处,用热血温暖自己;

在沦陷的季节里,举双臂为不倒的旗帜。

这个充满爱与恨的世界,原本是我们无法背叛的家园,每扇洞开的窗口,都有一片我们留恋的温馨。

人生,是一种境界。

我们必须从从容容。

分析与提示: 这是一篇富有哲理的抒情散文。"人生,是一种境界",耐人寻味、寓意深刻。用文中的"我们必须从从容容"来调动和控制全篇的感情和节奏。有的句段起落变化可以明显些,给人以节奏感,如"既然我们无法抓着自己的头发升上太空(平稳),那么,我们倒不如觉悟地低下头(舒缓),挥去天边那诱人的彩霞(扬起),热恋我们脚下这一方实实在在的土地(深沉)"。

春

朱自清

18. 春

盼望着,盼望着,东风来了,春天的脚步近了。

一切都像刚睡醒的样子,欣欣然张开了眼。山朗润起来了,水涨起来了,太阳的脸红起来了。

小草偷偷地从土里钻出来,嫩嫩的,绿绿的。园子里,田野里,瞧去,一大片一大片满是的。坐着,躺着,打两个滚,踢几脚球,赛几趟跑,捉几回迷藏。风轻悄悄的,草软绵绵的。

桃树、杏树、梨树,你不让我,我不让你,都开满了花赶趟儿。红的像火,粉的像霞,白的像雪。花里带着甜味儿,闭了眼,树上仿佛已经满是桃儿、杏儿、梨儿。花下成千成百的蜜蜂嗡嗡地闹着,大小的蝴蝶飞来飞去。野花遍地是:杂样儿,有名字的,没名字的,散在草丛里,像眼睛,像星星,还眨呀眨的。

"吹面不寒杨柳风",不错的,像母亲的手抚摸着你。风里带来些新翻的泥土的气息,混着青草味儿,还有各种花的香,都在微微润湿的空气里酝酿。鸟儿将巢安在繁花嫩叶当中,高兴起来了,呼朋引伴地卖弄清脆的喉咙,唱出婉转的曲子,跟轻风流水应和着。牛背上牧童的短笛这时候也成天嘹亮地响着。

雨是最寻常的,一下就是三两天。可别恼。看,像牛毛,像花针,像细丝,密密地斜织着,人家屋顶上全笼着一层薄烟。树叶儿却绿得发亮,小草儿也青得逼你的眼。傍晚时候,上灯了,一点点黄晕的光,烘托出一片安静而和平的夜。在乡下,小路上,石桥边,有撑起伞慢慢走着的人,地里还有工作的农民,披着蓑戴着笠。他们的房屋,稀稀疏疏的,在雨里静默着。

天上风筝渐渐多了,地上孩子也多了。城里乡下,家家户户,老老小小,也赶趟儿似的,一个个都出来了。舒活舒活筋骨,抖擞抖擞精神,各做各的一份儿事去。"一年之计在于春",刚起头儿,有的是工夫,有的是希望。

春天像刚落地的娃娃,从头到脚都是新的,它生长着。

春天像小姑娘,花枝招展的,笑着,走着。

春天像健壮的青年,有铁一般的胳膊和腰脚,领着我们上前去。

分析与提示:朱自清被誉为白话美文的模范,创造了具有中国民族特色的散文体风格。《春》抒发了作者对春的渴望和对青年人的希望,如,"盼望着,盼望着"开篇,到"领着我们上前去"结尾,把对"春"的祈望和对青年人的希望融为一体,别具意味。

母亲

妈妈这一生先后生下我们姐弟七个,是妈妈一把屎一把尿地养育着她心爱的孩子。由于疾病等原因,我5岁时,我的父亲和一个姐姐、两个弟弟先后离开了我们。妈妈抚养我们姐弟4个含辛茹苦地熬过那漫长的岁月。

我清楚地记得,妈妈经常在油灯下一针一线地做新衣、补旧衣。分不清哪件是给我们做的,哪件是给人家做的。妈妈白天做,夜间也做。有时,我都睡醒一觉了,妈妈还在做活。岁月的煎熬增添了妈妈脸上的皱纹。

妈妈对我们的精心呵护,使我们的身心得以健康地成长。家里再穷,妈妈也没叫孩子受委屈,她吃苦受累,总让孩子们吃饱穿暖。一日三餐,总是应时应晌的。妈妈不仅平时不打骂我们,吃饭时,也从不说我们,叫我们吃得痛快。

为了生活,妈妈不得不去一家工厂当保姆。妈妈用她那裹足的小脚,每天要往返6里路。让我终生难忘的一件事:那天,我忽然发现妈妈早上带的一块大饼子,晚上回家又带了回来。我问妈妈,怎么没吃?妈妈说,不饿。这时,我才明白,妈妈是舍不得吃啊。那些年,天灾人祸,人们都在节衣缩食,妈妈为了我的学习和身体,宁可用5元钱买一斤粮,而自己一块大饼子还舍不得吃。

妈妈为了我忍受着饥饿和痛苦。在妈妈的目光里,始终是对孩子的期待,这期待使妈妈以坚强的性格面对生活,这期待使妈妈总是竭尽全力面对困难,因为孩子的成长是妈妈不灭的希望。

记得我刚工作时,国家正处在困难时期。妈妈把藏在身上的20多斤粮票塞给了我,说,不够吃时填补点。妈妈想得多周到啊。

1985年3月,妈妈又病倒了,这次病得很重。我一直在妈妈身旁,精心护理,昼夜寸步不离。我为妈妈洗脸、喂饭、翻身、端屎端尿。我隐约感到,这可能是我尽孝心的最后机会了。

清明节那天,妈妈平静而安详地走了,我紧紧握住妈妈的手,看着妈妈的面容,长久地不肯离去。

为妈妈安葬的那天,一头力大无比的牤牛拉着妈妈的灵柩上山了。天空中飘着阵阵雪花,好像也来为妈妈送别。山坡上,冰雪开始融化,久违了的小草顽强地从土里钻了出来。

我们将妈妈安葬在山林中的高坡上。

安息吧!我心爱的妈妈。

……

15年后的一个秋日,家人们去为母亲扫墓。

十月的天空格外的蓝,群山脚下郁郁葱葱。蒲公英轻轻一碰,花果就飞扬起来。"红姑娘儿"果实累累,红得可爱,隔十几米就能看到一棵,好像大自然有意安排似的,点缀在丛林之间……

妈妈,永在我心中。

分析与提示:这篇散文,前半部分是记叙,表达了母亲对孩子的疼爱,真实感人;中间一段有议论,特别是"孩子的成长是妈妈不灭的希望",这是天下所有母亲的情怀和期盼;结尾的"十月的天空格外的蓝……点缀在丛林之间"一段为抒情,语句优美、悠扬舒展,抒发了作者对母亲深深的怀念。

第三节　小说片段

立　论
鲁迅

我梦见自己在小学校的讲堂上预备作文,向老师请教立论的方法。

"难!"老师从眼镜圈外斜射出眼光来,看着我,说,

"我告诉你一件事——

一家人家生了一个男孩,全家高兴透顶了。满月的时候,抱出来给客人看——大概是想得一点好兆头。

一个说:这孩子将来要发财的。他于是得到一番感谢。

一个说:这孩子将来要做官的。他于是收回几句恭维。

一个说:这孩子将来是要死的。他于是得到一顿大家合力的痛打。

说要死的必然,说富贵的许谎。但说谎的得好报,说必然的遭打。你……"

"我愿意既不说谎,也不遭打。那么老师,我得怎么说呢?"

"那么,你得说:啊呀!这孩子呵!您瞧!那么……

阿唷!哈哈!Hehe!he he he he he!"

分析与提示:作者以一个"梦"的形式,用近乎寓言的笔法深刻揭露了当时现实环境中,真理被歪曲、黑白不分的丑恶现象;坚持真理时时碰壁,鼓吹逢迎却成为"时代骄子"。整篇文章语言质朴、凝练,全无华丽之色,但在质朴的文字中蕴含着一种愤愤不平的正气。文中的"斜射",形象逼真地描绘了一位圆滑世故的先生的神态,文中最后先生的"啊呀!……阿唷!哈哈!"更深刻地反映了虚伪逢迎的伪君子的心态。朗诵时要绘声绘色,用声音和神态的变化刻画人物的内心世界。

♪ 一个官员的死(节选)
契诃夫

19. 一个官员的死

在一个挺好的傍晚,有一个同样挺好的庶务官,名叫伊万·德密特里奇·

切尔维亚科夫,坐在戏院正厅第二排,用望远镜看戏:《哥纳维勒的钟》。他凝神瞧着,觉得幸福极了。可是忽然间……在小说里,常常遇见这个"可是忽然间"。作家是对的,生活里充满多少意外的事啊!可是忽然间,他的脸皱起来,他的眼睛眯缝着,他的呼吸止住了……他从眼睛上拿掉望远镜,弯下腰去,于是……"阿嚏!!!"诸君看得明白,他打喷嚏了。不管是谁,也不管是在什么地方,打喷嚏总归是不犯禁的。乡下人固然打喷嚏,巡官也一样打喷嚏,就连枢密顾问官有时候也要打喷嚏。大家都打喷嚏。切尔维亚科夫一点也不慌,他拿手绢擦了擦脸,而且照有礼貌的人那样,往四下里看一看:他的喷嚏究竟搅扰别人没有。可是这一看不要紧,他却慌起来了。他看见坐在他前面正厅第一排的一个小老头正在拿手套使劲擦自己的秃顶和脖子,嘴里嘟哝着。切尔维亚科夫认出那个小老头是卜里兹查洛夫,在交通部任职的一位文职的将军。

切尔维亚科夫想:"我把唾沫星子喷在他身上了!他不是我的上司,是别的部里的,不过那也还是难为情。应当道个歉才对。"

切尔维亚科夫咳了一声,把身子向前探出去,凑近将军的耳根小声说:

"对不起,大人,我把唾沫星子溅在您身上了……我一不小心……"

"不要紧,不要紧……"

"看在上帝面上,原谅我。我本来……我不是故意要这样的!"

"唉,请您坐好吧!让我看戏!"

切尔维亚科夫窘了,傻头傻脑地微笑,开始看戏。他看啊看的,可是不再觉得幸福了。他开始惶惶不安,定不下心来。到了休息时间,他走到卜里兹查洛夫跟前,在他身旁走了一会儿,压下自己的胆怯,喃喃地说:

"我把唾沫星子喷在您身上了,大人……请您原谅……我本来……出于无意……"

"唉,够啦……我已经忘了,您却说个没完!"将军说着,不耐烦地撇了撇他的下嘴唇。

切尔维亚科夫怀疑地瞧着将军,暗想:"已经忘了?可是他的眼睛里有一道凶光啊!而且他不愿意说话。我应当对他解释一下,说明我完全无意……说明打喷嚏是自然的法则,要不然他就会认为我有意唾他了。现在他固然没这么想,以后他一定会这么想……"

一回到家,切尔维亚科夫就把自己的失态告诉他妻子。

他觉得,他妻子对这件事全不在意。妻子先是有点惊吓,可是等到听明白卜里兹查洛夫是在"别的"部里任职以后,就放心了。

妻子说:"不过呢,你也还是去赔个不是的好。要不然他就会认为你在大庭广众中举动不得体了。"

"说的就是啊!我已经赔过不是了,可是不知怎么,他那样子挺古怪,一句好话也没说。不过那会儿啊,也没工夫说话。"

第二天,切尔维亚科夫穿上新制服,理了发,上卜里兹查洛夫家里去解释……他一走进将军的接待室,就看见那儿有很多来请托事情的人,将军本人夹在他们当中,正在接受他们的请求。将军问过好几个请托事情的人以后,抬起眼睛来看着切尔维亚科夫。

这位庶务官开口讲起来:"要是您记得的话,大人,昨天在阿尔卡琪娅,我打了个喷嚏……不小心喷了您……请原……"

"真是胡闹……上帝才知道这是怎么回事!"将军对其中一个请托事情的人说,"您有什么事要我效劳吗?"

"他不肯说话!"切尔维亚科夫暗想,脸色惨白了,"这是说,他生气了……不行,不能照这样了事……我要跟他说明白才行……"

等到将军跟最后一个请托事情的人谈完话,正要走进内室去,切尔维亚科夫就走过去跟在他后面,喃喃地说:

"大人!要是我斗胆搅扰大人,那只是出于一种可以说是悔恨的感觉!……那不是故意做出来的,请您务必相信才好!"

将军做出一副哭丧相,摆了摆手。

"哎呀,您简直是跟我开玩笑,先生,"他说完,就走进去关上他身后的门。

"这怎么会是开玩笑?"切尔维亚科夫想,"根本就没开玩笑的意思呀!他是将军,可是他竟不懂。既是这样,我也不愿意再对这个摆架子的人赔不是了!去他的!我给他写信好了,我再也不来了。皇天在上,我说什么也不来了。"

切尔维亚科夫这么想着,走回家去。给将军的信,他却没写成。他想了又想,怎么也想不出来这封信该怎么写才好。他只好第二天再亲自去解释。

"昨天我来打搅大人,"等到将军抬起询问的眼睛望着他,他就喃喃地说,"可不是照您所说的那样是为了开玩笑,我原是来赔罪的,因为我在打喷嚏的时候喷了您一身唾沫星子……我从没想到要开玩笑。我哪儿敢开玩笑啊?要是我们沾染了开玩笑的习气,那可就会……失去对别人的尊敬了……"

"滚出去!!"将军忽然大叫一声,脸色发青,周身打抖。

"什么?"切尔维亚科夫低声问道,吓得呆若木鸡。

"滚出去!!"将军顿着脚又喊了一声。

切尔维亚科夫的肚子里好像有个什么东西掉下去了。他什么也看不见,什么也听不见,退到门口,走出去。到了街上,一路磨磨蹭蹭地走着……他信步走到家里,没有脱掉制服,往长沙发上一躺,就此……死了。

分析与提示:小说体裁的文学作品是通过人物、环境和故事情节反映社会生活,通常以描写、叙述为主,也可抒情和议论。

《一个官员的死》是俄国19世纪末期批判现实主义艺术大师契诃夫的名著。契诃夫小说的特点是运用幽默、讽刺的手法,塑造形形色色的人物形象,揭露沙皇的反动、黑暗和那个时代人的各种心态。

《一个官员的死》描写的是一位小庶务官切尔维亚科夫对长官将军的奴颜媚骨的嘴脸。他因为看戏时打了个"喷嚏",就没完没了地向将军道歉,表现了一种神经质的病态。作者把这位小庶务官的心态描写得淋漓尽致。在现实生活中,也能找到这位小庶务官的"影子"。这篇作品的现实意义也在这里。

朗读此作品以播讲式为主;同时,适当采用演播式的声音造型和语言修辞手段,对人物语言给予适当的渲染和夸张,使人物形象活灵活现,生动、逼真地表现这位小庶务官谄媚、虚伪的性格特征。而将军的性格是耿直的,有不可侵犯的尊严。小庶务官和将军的性格形成了鲜明的对照。在表达时,采用声音弹性对比的手法,把小庶务官的声音处理得暗淡和拖沓,是抑的节奏;而将军的声音坚实而刚劲。要对比强烈、控纵自如。

关山播讲这部作品时,将两个人物的性格刻画得惟妙惟肖,语言表达十分洒脱。

玉娇龙(节选)

就在这瞬间,玉娇龙从罗小虎的脸上,忽然看到一双带着嘲弄神色的眼睛,这使她感到是那么熟悉,又那么厌恶。她记不起在哪儿见过来的。这笑声、这嘲弄的眼神,激起她一阵难忍的恼怒。她愤愤地说:"你在西疆横行这些年,劫商队、杀官兵,目无王法,今天既被我追上,你也是恶贯满盈了。"

"你要怎样?"

"和你一决胜负。"

"呵,比武!我才不和娘们儿比武哩!"

玉娇龙气极了:"你畏惧了?认输了!"

罗小虎又是几声大笑,站了起来,两手叉腰,走在距玉娇龙六七步远的地方站定,又把她从头到脚打量一番,认真地说:"这不比绣花逗线,是要伤人的。"

"这也不比在马上,逃不了的。"

马贼们七嘴八舌地吼叫起来:"大哥,比就比。"

"把这只山鸡的毛拔了。"

"让她来凑凑酒兴也好。"

罗小虎向众人挥了挥手,又对玉娇龙说:"你真的要比?"

"要比!"

"你要输了呢?"

"我要是比赢了呢?"

"你要是赢了我,你要什么我都依。"

玉娇龙说:"你如果输了,就立即散伙下山,永不再做马贼。"

"散伙办不到,我和你比武,与弟兄们无关,好汉做事好汉当,我如输给你,就随你投到军营,任杀任剐!"

"好,一言为定。"她说完忙将剑一拽,"来吧!"

罗小虎说:"要是你输了呢?"

罗小虎紧紧地瞅她,眼里含着打趣的意味,玉娇龙不知怎的,心里忽然感到一阵慌乱,想起话本上写的一些"比武招亲"的事来。脸上不禁泛起一阵红晕。她紧紧咬着唇,在等他说出那句不堪入耳的"压寨夫人"的话来。她心紧张地等着,罗小虎的话终于说出来了:"你要输了,我只要你当众承认马贼是好人。"这真使玉娇龙感到意外,她一下抬起头来,重新看了看站在面前的这位贼魁。她虽仍保持着一副凛然不可犯的神态,但心里已不再那么气愤了。

罗小虎仍站在那里等她回话。她一时不知如何回答好,只说:"不管,反正你输定了,马贼也绝不是良民!"

罗小虎宽容地笑了笑,回头吩咐:"弟兄们,点火把来。"跟着就有十来个马贼跑进那边树林去了。

分析与提示：用声音塑造作品中的人物，是广播小说常用的表现手法。而用不同音色区别作品中的不同人物是创作难点。特别是人物对话，要根据人物的身份、性格、年龄、性别和语言环境的不同进行设计，使人物语言活灵活现地呈现在听众面前。

第四节　寓言故事

猴王吃瓜

猴王找到了一个大西瓜，可是它不知道西瓜的吃法，想请教别人，又不好意思。于是，猴王想出一条妙计。

猴王把猴子们都召集到一起，猴王说："今天，我想考一考你们大家，谁能说出西瓜的吃法，它就可以得到双份。"一个短尾巴猴抢着回答说："我知道。西瓜是吃瓤的！"一个长尾巴猴说："不对！我在姑妈家吃过香瓜，香瓜是吃皮的，西瓜也是瓜，就一定是吃皮的。"猴王觉得长尾巴猴说得有道理，于是说道："大家都安静，不要争了，西瓜是吃皮的，我生来最讨厌不懂装懂的。现在，大家分吃西瓜皮，把西瓜瓤都给短尾巴猴吃。"于是，大家分吃西瓜皮。

一个小猴子吃一口西瓜皮，问长尾巴猴，说："哎！这西瓜皮也不好吃呀！"长尾巴猴吃着西瓜皮得意地说："你不知道，西瓜就是这个味儿。"

分析与提示：《猴王吃瓜》讲的是不懂装懂的老猴王分瓜的故事。故事中出现了四个"人物"，分别是猴王、长尾巴猴、短尾巴猴和小猴子。从性格上看，猴王狡猾，短尾巴猴耍小聪明，长尾巴猴凭经验办事，小猴子比较实事求是、有话直说。朗读者要把它们的性格特点表现出来，并在声音上加以区别和修饰。比如，猴王声音低沉，语速慢；短尾巴猴快言快语，语速较快；长尾巴猴用慢悠悠的语调；小猴子是稚嫩的声音和表情，可适当增加动作语言，夸张地表现出来。

好强的公鸡

狐狸早就想吃公鸡肉了。看着那肥胖健硕的公鸡,恨不得立刻上前咬一口。可是它忍住了。黑狗不离公鸡左右,黑狗那对锐利的犬牙可惹不起。

于是,狐狸想出来一个主意。"大家都看见了吧,那公鸡胆小得可怜。"狐狸逢人便嘲讽公鸡:"别看它个儿大,嗓门高,威风凛凛,实际上毫无骨气——它离不开黑狗,如果没有黑狗的保护,它一天也活不下去。"

冷言冷语传到了公鸡的耳朵里,公鸡一跳三尺高,它觉得自尊心受到了伤害。"什么?我胆小,要黑狗保护?"公鸡气得脸色发紫,它大嚷大叫:"我怕过谁来着,你们没见我格斗的气势?哼!我再也不跟黑狗住在一起了,你们看我能不能活下去。"

公鸡不再理会黑狗,把家搬到偏僻的地方,发誓从此不再和黑狗为邻。

就在公鸡搬家的当天晚上,狐狸登门造访。

我们实在无法领略公鸡当时的英雄气概,只是第二天黎明时再也听不到公鸡的啼鸣声了。天亮了,在公鸡新居前除了些杂乱的鸡毛和骨头,什么也没有了。

虚荣心会使人失去理智,一旦被敌人利用,后果不堪设想。

分析与提示:公鸡因为虚荣心,误会了黑狗,中了狐狸的诡计。对话的处理上,要表现狐狸的阴险狡诈和公鸡的自不量力。"于是,狐狸想出了一个主意。"在表达时,"主意"后可做较长停顿,若有所思,引出下文。

天鹅羽毛

天鹅羽毛不愿与天鹅挤在一起。它挣脱了天鹅的"束缚",在天空中自由地"飞翔"。

"我自由了,我多么幸福啊。"

它飞呀飞,飞到了一群鸭子的上空。

天鹅羽毛傲慢地说:"你们整天就在这么一个小池塘里生活,多无聊哇!"

"我们生活得很好。"一个鸭子说。

"这么多鸭子在一起,太拥挤了。你们看我,在广阔的天空中,自由自在地飞翔。"

"你不觉得自己太孤单了吗?"另一个鸭子说。

"我喜欢独往独来,一点也不孤独。你们长得那么黑,你看我洁白的羽毛。"

"我们先天就这样,碍你什么事。"

"好了,我不和你们争辩了,我要飞了。"天鹅羽毛不耐烦地说。

可是,天鹅羽毛怎么也飞不起来。

"哎呀,不好了!我怎么飞不起来了。"

"你没有了风,又落在水面上,羽毛也湿了,还飞什么?"一只老鸭子对天鹅羽毛说。

"我们走吧,不管它,傲慢的家伙,就该这个下场。"鸭子们不约而同地说。

天鹅羽毛号啕大哭,它追悔莫及。

主人看在眼里,走过来,对天鹅羽毛说:"都是你的错,脱离了天鹅母体,一只羽毛就会是这么个结果。"

主人接着说:"我看你挺可怜,就收下你吧。到我家中把你放在我的笔筒里做装饰品。"

天鹅羽毛高兴地说:"那我就满足了,谢谢主人。"

分析与提示:这则寓言描写天鹅羽毛高傲自大,但一旦脱离了天鹅母体,就落得可悲下场。它也提醒人们不要骄傲自满,而要谦虚谨慎。

天鹅羽毛和野鸭的对话生动、有趣。主人的出现并对天鹅羽毛的批评和"接纳",使故事更有"人情味"。

木偶探海

木偶要测一测大海有多深,于是,它纵身跳进了汪洋大海。随着那起伏的波涛,它漂流了七七四十九个白天,又七七四十九个黑夜。

上岸后,他便大吹牛皮。

"嗨!大海嘛,也没什么了不起。我躺着,它刚沾湿了我的肚皮;我站着,它连我的膝盖都没不了。我生怕我的体验不靠谱,我便问从小就生活在大海里的浮萍,它们也这样说啊!我还亲眼看过那勇敢的海鸥,它们从高高的天空中俯冲下来,海水只沾湿了它们白白的胸脯……"

朋友告诉它,那只是浮在上面的感觉,海洋还是深的。

要想得到真正的知识,就必须钻进去,一直钻到底。

分析与提示：这则寓言故事描写木偶探海的经历和体会。它虽然吃了不少苦，日夜漂游，但因缺少知识，看问题肤浅，得出了错误的结论。

故事启示人们，要获得知识就要求真务实，不能浅尝辄止，要有"一直钻到底"的精神和毅力。

故事主题鲜明，短小精悍，寓意深刻。表达时，运用拟人化手法对木偶的声音作"高、尖、飘"处理。而"钻到底"三个字则要声实气足，向前推进。

第十五章 影视配音训练

第一节 人物对白

雷雨(片段)

解说：曹禺是我国著名的现代剧作家,1932年写出了他的处女作《雷雨》,震撼了当时的戏剧界。后来,他又写出了《日出》《蜕变》《北京人》《原野》《王昭君》等,受到了中外读者的欢迎,跨入了世界文学大师的行列。

《雷雨》是一部暴露封建家庭罪恶的悲剧。地主兼官僚资本家周朴园,三十年前还是个大少爷的时候,诱骗了侍女侍萍,生下两个儿子。后来,为娶有门第的小姐,把产后只有三天的侍萍撵出了门,逼得她抱着小儿子跳了河。就在周朴园认为最圆满、最有秩序的家庭里,长子周萍和后母蘩漪发生了暧昧关系。蘩漪是个反对封建家长制,要求个性自由民主的女性,希望在周萍身上找到出路。而周萍却像他父亲一样虚伪、自私,还引诱侍女鲁四凤。蘩漪不甘忍受周家父子两代人的欺辱,让当年的侍萍、如今的鲁妈把女儿四凤领回。就在这个雷雨交加的夜晚,周鲁两家母子兄妹之间的乱伦关系和隐情全部暴露了。

（雷声）

鲁妈：凤，我们这一去，我要你以后永远不见周家的人。

四凤：好。

鲁妈：不，孩子，你要起誓。

四凤：妈，何必呢！

鲁妈：你，你还要伤妈的心。

四凤：妈——妈，我说，我说。

鲁妈：好，你就这样跪着说。

四凤：好，我答应你，以后永远不见周家的人。

旁白：要四凤一辈子不见周家的人，这在她当然是为难的、做不到的，但为了让妈放心，她只能违心地答应了。

鲁妈：你要是忘了妈的话，见了周家的人呢？孩子，你要起誓，你要是忘了妈的话……

四凤：那……那就让天上的雷劈了我。（雷声）妈，我怕。

旁白：炸雷之后是瓢泼的大雨。由于雷雨，暑热是消除了些许，可是暴风雨中被刮坏的电线已经电死了周家的看门狗——保比。这样的雷雨天气谁知道还会出什么事呢？

（敲窗声）

周萍：凤，你开开窗子，凤。

四凤：哥哥在家呢。

周萍：凤——

四凤：你走吧。

周萍：我没你不成。

四凤：别……

周萍：开开。

四凤：唉……

周萍：凤，你让我亲一亲，我求求你。

四凤：大少爷，你饶了我吧。

周萍：凤，别怪我，我不知道大海是你哥哥。

四凤：我不怪你，你走吧，快走吧。你别再缠我好不好？要不，明天……

周萍：明天？真的？

四凤：真的，我从来没有骗过你。

周萍：好吧，明天。

旁白：四凤想见周萍，可又不想见，她骗他明天再找她。可一想到明天妈就要把自己带走了，她哭了。

四凤：（哭声）

旁白：四凤哭着把窗子打开，想再望一眼周萍远去的背影。谁知道周萍并没有走。

四凤：（哭着）你？

周萍：别挤，你让开。

四凤：噢，你又喝醉了。

周萍：噢，没，没有。过来，过来。

四凤：萍，我求求你，你走吧。

周萍：别怕，我要好好看看你。

四凤：噢，不。（雷声）放开我，我怕。

大海：四凤，四凤，四凤，（敲门声）四凤——

四凤：哥哥回来了，你快走，你快走哇，快走哇！

大海：四凤，把门开开，四凤——

四凤：哎哟。

周萍：怎么？

大海：四凤——

四凤：你快走，快走，快走。

旁白：奇怪，刚刚从窗子进来，现在窗户却怎么也打不开了。

四凤：你快走，快走，快走。

旁白：门被砸开了，大海冲了进来。

大海：怎么，你？妈——，我见了鬼了。你，你给我放开。（厮打声）

四凤：哥哥，哥哥。

大海：你这不要脸的东西！

鲁妈：你们干什么？

大海：起来，你！

周萍：我——

大海：妈妈，你放开我，放开我。

鲁妈：你这个糊涂东西，还不快跑。

大海：你放开我！

旁白：鲁妈再也不怀疑了，四凤和周家少爷之间就是有事儿。女儿在瞒，而这正是她最担心、最怕的。

分析与提示：这是广播剧《雷雨》的片段，其中有大量旁白。旁白的表述较客观冷静。人物对白要注意塑造人物的形象。这个片段主要是四凤和周萍的对白，表现四凤的犹豫和周萍的虚伪。

♪ 简·爱（片段）

罗切斯特（以下简称"罗"）：哎，该怎么办，简？有这样一个例子。有个年轻人，他从小就被宠爱坏了。他犯下个极大的错误。不是罪恶，是错误。它的后果是可怕的。唯一的逃避是逍遥在外，寻欢作乐。后来，他遇见个女人，一个二十年里他从没见过的高尚女人，他重新找到了生活的机会，可是世故人情阻碍了他。那个女人能无视这些吗？

20. 简·爱

简：你在说自己，罗切斯特先生？

罗：是的。

简：每个人以自己的行为向上帝负责，不能要求别人承担自己的命运，更不能要求英格拉姆小姐。

罗：哼！你不觉得我娶了她，她可以使我获得完全的新生？

简：既然你问我，我想不会。

罗：你不喜欢她？说实话！

简：我想，她对你不合适。

罗：啊哈，那么自信？那么谁合适？你有没有什么人可以推荐？哼！嗨，你在这儿已经住惯了？

简：我在这儿很快活。

罗：你舍得离开这儿吗？

简：离开这儿？

罗：结婚以后我不住这儿了。

简：当然。阿黛尔可以上学，我可以另找个事儿。我要进去了！我冷！

罗：简！

简：让我走吧！

罗：等等！

简：让我走！

罗：简！

简：你为什么要跟我讲这些！她跟你与我无关。你以为我穷，不好看，就没有感情吗？我也会的，如果上帝赋予我财富和美貌，我一定要使你难于离开我，就像现在我难于离开你！上帝没有这样。我们的精神是同等的，就如同你跟我经过坟墓，将同样地站在上帝面前！

罗：简！

简：让我走吧！

罗：我爱你，我爱你！

简：不！别拿我取笑了！

罗：取笑？我要你！布兰奇有什么，我对她，不过是她父亲用以开垦土地的本钱。嫁给我，简！说你嫁我！

简：是真的？

罗：嗨，你呀！你的怀疑折磨着我！答应吧，答应吧！上帝饶恕我，别让任何人干扰我。她是我的，我的！

分析与提示：简是一个心地纯洁、善于思考的女性。她生活在社会底层，受尽磨难，但她性格倔强、不屈不挠。她认为爱情应该建立在精神平等的基础上，而不应取决于社会地位、财富和外貌，只有男女双方彼此真正相爱，才能得到真正的幸福。在配音时，简的声音应该是理性的、坚定的。罗切斯特内心善良正直，敢于追求幸福，经历了以金钱为基础的不幸婚姻，厌恶上层社会的冷酷虚伪，性格忧郁、桀骜不驯，叛逆却又粗暴。配音时，罗切斯特的声音外形是不羁的、忧郁的，但因为他对爱情的表达和追求是热切的、真挚的，配音要充满张力，彰显内心巨大的情感力量。

♪ 王子复仇记(片段)

哈姆雷特(以下简称"哈"):母亲,有什么事情?

王后(以下简称"后"):哈姆雷特,你把你父亲大大地得罪了。

哈:母亲,你把我父亲大大地得罪了。

后:好了,好了,你的回答真是瞎扯。

哈:得了得了,你的问话别有居心。

后:怎么了,哈姆雷特?

哈:什么又怎么了?

后:你忘了是我?

哈:我没有忘,没有!你是皇后,你丈夫弟弟的妻子。我真但愿你不是我的母亲。

后:好,我去叫会说话的跟你说。

哈:来来,你坐下来,你不许动。我要在你面前竖一面镜子,叫你看一看你的内心的最深处。

后:你要干什么?是不是要杀我?救命!救命!

波洛涅斯:救命,救命。

哈:什么?耗子,死吧,我叫你死。

后:啊!

哈:死吧。

后:你干了什么了?

哈:不,我不知道。那是国王!

后:哦。好一桩鲁莽而血腥的行为。

哈:血腥的行为?好母亲,这跟杀死一位国王再嫁给他的兄弟一样狠了!

后:杀死国王?

哈:对,母亲,正是这句话。你这个多管闲事的傻瓜!再见吧,我还当是你的主子呢!认倒霉吧,你现在知道多管闲事多危险了?别老拧着你的手,你坐下来,让我拧拧你的心,我一定拧,只要你的心不是石头做成的。

后:我到底做了什么事,你敢这么粗声粗气地对我?

哈:你干的好事啊,你玷污了贤惠的美德,把贞操变成伪善,从真诚的爱情

21. 王子复仇记

的容颜上夺去了玫瑰色的光彩,划上道伤痕,把婚约都变成了赌鬼的誓言。

后:到底什么事?

哈:请你看看这幅画像,你再看这一幅。这就是他们兄弟俩的画像。这一副面貌是多么的风采啊,一对叱咤风云的眼睛,那体态活像一位英勇的神灵刚刚落到摩天山顶,这副十全十美的仪表仿佛天神特为选出来向全世界公推这样一位完人——这就是你的丈夫。你再看这一个——你现在的丈夫,像颗烂谷子,就会危害他的同胞!你看看这绝不是爱情啊。像你这样岁数,情欲该不是太旺,该驯服了,该理智了,而什么样的理智会叫你这么挑的,是什么魔鬼迷了你的心呢?羞耻啊,你不感到羞耻吗?如果半老女人还要思春,那少女何必再讲贞操呢?

后:哦,哈姆雷特,别说了,你使我看清我自己的灵魂,看见里面许多黑点,洗都洗不干净。

哈:嘿,在床上淋漓的臭汗里过日子,整个儿糜烂呐!守着肮脏的猪圈无休止地淫乱!

后:哦,哈姆雷特,别再说了,这些话就像一把把尖刀,别说了,好哈姆雷特。

哈:一个凶犯,一个恶棍——奴才,不及你先夫万分之一的奴才,一个窃国盗位的扒手,从衣服架子上偷下了王冠装进了他自己的腰包。

后:别说了。

哈:一个耍无赖的——国王!

分析与提示:《王子复仇记》突显了莎士比亚戏剧思想的深刻。剧中对白和独白都是诗一样的语言,华美、绚丽,富有激情,对展示人物内心世界和人物性格、揭示矛盾冲突、推动情节发展起着重要作用。在表达时要注意情绪的饱满和贯穿,重音的选择要准确鲜明。这段训练内容对于吐字、气息等基本功的要求较高,练习时要注意一气呵成,可适当模仿原片,体会流畅自如的有声语言的意蕴之美。

第二节 公益传播

公益传播这种形式是近些年才出现的。"公益"本身就是一种奉献,所以受到人们的广泛关注和喜欢。一些公益传播主题鲜明、文字优美,朗诵起来有一种心情愉悦之感。

(1)《万物共生篇》

山峦的脉搏,被江河听见。
江河的心跳,被泥土听见。
泥土的呼吸,被种子听见。
种子的新生,被生灵听见。
生灵的步伐,被飞鸟听见。
飞鸟的鸣啼,被天空听见。
天空的细雨,被我们听见。
我们的行动,被自然听见。
听万物之声,与万物共生。

分析与提示:这篇解说词的主题是"听万物之声,与万物共生"。文笔悠扬、华美,配合画面,如临其境。

文中用"……被……"的修辞格式,反复8次,清晰而深刻地描绘"听万物之声,与万物共生"的生动场景。表达时,"江河""泥土""种子""生灵""飞鸟""天空""我们""自然",均为重音。配合画面,情感要丰满、表达要含蓄、语速要舒展。

(2)《多姿多彩篇》

山的巍峨,千变万化。
水的浩瀚,绰约多姿。
世界有千般样貌,生命有万般姿态。
彼此孕育,彼此呵护。
他的脚步,护卫着象群的前行。

他的坚守,苍翠了广袤的大地。
他的鸟笛,灵动了丛林的秘密。
他的坚定,润泽了多姿的湖泊。
在发展中保护,在保护中发展。
多姿的我们,自然多彩。

分析与提示:这篇解说词的主题,即"在发展中保护,在保护中发展"。文中开篇用"山"与"水"的呼应,展现大自然的壮美;随后,用4个"他的…他的…"修辞格式描写人与自然和谐相处的美好景象。

表达时,对比性重音要突出,如"脚步""坚守""鸟笛""坚定",以及"发展"和"保护",以愉悦的情感抒发美的感受,配合画面控制好节奏变化。

(3)《汇聚》

水,让生灵汇聚;
山,让力量汇聚;
光,让色彩汇聚;
家,让血脉汇聚。
同样的收获,让果实汇聚。
同样的美好,让人心汇聚。
同一片时空,让命运汇聚。
同样的祝愿,让歌声汇聚。
同样的幸福,让笑容汇聚。
同一个梦想,让未来汇聚。
汇聚在一起,团结在一起,
新疆各族儿女,像石榴籽一样紧紧抱在一起。

分析与提示:这篇解说词的开头,先用"水""山""光""家"勾勒了一幅气势如虹的壮美的景观;随后,用6个"同……"的修辞格式将"果实""人心""命运""歌声""笑容""未来"汇聚在一起,表达时,"果实""人心""命运""歌声""笑容""未来"均为重音。要做到情感充盈,热情洋溢,语调悠扬,语句舒展,逻辑紧凑。句尾的"石榴籽"为次重音,"紧紧"为主重音,带有强烈的感情色彩。

(4)《天地有节,风雅中华》

立春

    微寒尚在,春信来报。
    柔枝融日色,迎春俏开颜。
    点茶呈新绿,汤雪生玑珠。
    万象更新时,事事随春好。

小满

    小满满未全,初夏入诗篇。
    蜻蜓翩翩舞绿光,麦浪层层欲飘香。
    绿槐高柳最可喜,江河渐满踏岸堤。
    绿荫铺野,万物并秀;
    不疾不徐,小得盈满;
    时光至好到小满。

小雪

    峰峦渐染寒风吹,小雪簌簌洒窗扉。
    几分轻盈,翩跹飘落。
    细赏丹青,收藏冬韵。
    愿事事皆如意,所有美好如期而至。

大寒

    大寒迎岁末,隆冬寒意浓。
    雪霁琼枝垂,风临玉树摇。
    寒冬将尽,繁花装点岁末,带来春天的气息。
    静候春归,与君同赏日月新。

分析与提示: 2016年1月30日,二十四节气被正式列入联合国教科文组织人类非物质文化遗产代表作名录,被誉为"中国的第五大发明"。

  二十四节气始于立春,终于大寒,循环往复,周而复始。二十四节气是中华民族劳动人民长期经验的积累成果和智慧的结晶。

  中央电视台的《天地有节,风雅中华》,用画面和文字加上主持人的配音,使每个节气生动地展现在人们的面前。训练时,应怀着对二十四节气的赞美之情,跟随画面和配音,吐字清新,气息舒缓,心情愉悦,悠扬诵读。

参考书目

张颂.中国播音学[M].北京:北京广播学院出版社,2003.
徐恒.播音发声学[M].北京:北京广播学院出版社,1985.
张颂.播音创作基础(第三版)[M].北京:中国传媒大学出版社,2011.
付程.实用播音教程一语言表达[M].北京:北京广播学院出版社,2002.
鲁景超.广播电视即兴口语表达[M].北京:中国传媒大学出版社,2000.
高蕴英.教你播新闻[M].北京:中国广播电视出版社,2005年.
应天常.节目主持语用学[M].北京:中国传媒大学出版社,2009.
阿克肖诺夫.朗诵艺术[M].齐越,崔玉陵,译.北京:中国广播电视出版社,1984.
华东师范大学心理学系公共必修心理学教研室.心理学(修订本)[M].上海:华
　　东师范大学出版社,1984.
祁克.播音心理学[M].北京:北京广播学院出版社,1992.
石雨.播音·朗诵·演播[M].长春:吉林文史出版社,1999.
应天常,王婷.主持人一即兴口语训练[M].北京:中国传媒大学出版社,2011.
孙国栋.口语表达技巧[M].长春:吉林大学出版社,2010.
李瑾华.卡耐基口才突破[M].北京:中国城市出版社,2008.
卓燕生.播音与主持艺术[M].呼和浩特:内蒙古大学出版社,2007.
李建南,等.口头交际的艺术[M].北京:中国青年出版社,1991.
殷亚敏.21天掌握当众讲话诀窍[M].北京:机械工业出版社,2011.
《第一时间的故事》编委会.第一时间的故事[M].北京:电子工业出版社,2009.
杨博一.美国脱口秀[M].北京:京华出版社,2000.
石雨.播音与节目主持文集[M].长春:吉林摄影出版社,1995.
邢煦寰.通俗美学[M].北京:中国青年出版社,2000.
刘国建.声屏视听论[M].杭州:浙江大学出版社,2013.
吕钦文.演讲论辩技巧[M].长春:东北师范大学出版社,1993.

后 记

33年前,我出版了《播音·朗诵·演播》一书。1996年,我又出版了《口语表达技巧》一书。我喜欢教学,喜欢做学问。这以后,我又开始整理教学资料,结合我前面说的两本书,重新编写了《播音主持实用训练教程》。该书于2016年由中国传媒大学出版社出版发行。

今年9月,是我从事播音主持艺术专业教学工作30周年。这期间,专业教学一直没有间断。2017年开始,我开办朗诵培训网络公益教学;同时,还写了许多文学作品,如诗歌、寓言故事、散文等。

这些年我在播音主持专业教学中取得的成果和中国传媒大学播音主持艺术学院有着密不可分的关系。50年前(1973年),我参加了当时北京广播学院举办的全国播音员学习班,结识了齐越、张颂等老师,他们的品格和教学使我受益良多。1990年我出版的《播音·朗读·演播》一书的"序言"是齐越教授在病榻前写的。

30多年来,我是按照中国传媒大学播音主持教学体系教学的。可以说,我也是"学院派"。

前不久,中国传媒大学出版社播音主持编辑部赵欣主任有意将此书修订再版,征求我的意见,我应允了。我对赵主任说,我虽然已是83岁的老人了,但思维敏捷、头脑不昏。我觉得我能修改得更好些。

我每天分两个时段在电脑前专心工作2个多小时,花了将近4个月的时间,完成了全书的修改任务。

写作是个苦差事,用文字表现和"描绘"有声语言的运动形态是十分困难的。修订再版后,书稿从内容到形式都有明显的变化,或许是一种全新的感觉。我相信,这一版会受到广大读者,特别是专业爱好者的喜欢。

借此机会,再次向赵欣主任致以真诚的谢意。我佩服她对播音主持艺术专业极强的认知能力和对出版这类书籍的高超推介能力。还要感谢编辑张嵘老师,她极其认真负责地对书稿进行加工和润色。能将此书再版,不仅是我们共同努力的结果,更是中国传媒大学出版社全力配合的结果。

作者
2025年4月

图书在版编目（CIP）数据

播音主持实用训练教程／孙国栋编著． --2版． --北京：中国传媒大学出版社，2025.4
ISBN 978-7-5657-3825-8

Ⅰ．G222.2

中国国家版本馆 CIP 数据核字第 20254XZ254 号

播音主持实用训练教程（第二版）

BOYIN ZHUCHI SHIYONG XUNLIAN JIAOCHENG (DI-ER BAN)

编　　著	孙国栋
策划编辑	赵　欣
责任编辑	赵　欣　张　嵘
责任印制	李志鹏
封面设计	拓美设计
出版发行	中国传媒大学出版社
社　　址	北京市朝阳区定福庄东街1号　邮　编　100024
电　　话	86-10-65450528　65450532　传　真　65779405
网　　址	http://cucp.cuc.edu.cn
经　　销	全国新华书店
印　　刷	三河市东方印刷有限公司
开　　本	787mm×1092mm　1/16
印　　张	15
字　　数	270 千字
版　　次	2025 年 4 月第 2 版
印　　次	2025 年 4 月第 1 次印刷
书　　号	ISBN 978-7-5657-3825-8　定　价　58.00 元

本社法律顾问：北京嘉润律师事务所　郭建平